カミンズ教授が語る
バイリンガル・マルチリンガルの子どもと教育の未来

[著] ジム・カミンズ

[訳・解説] 中島和子

[編集] BMCNカミンズレクチャーシリーズ編集委員会
中島和子 桶谷仁美 鈴木庸子 髙橋悦子

明石書店

出版にあたって

　令和元年に「日本語教育の推進に関する法律」（以下「日本語教育推進法」）が公布・施行され、この基本理念に則り、翌年「基本的な方針」が打ち出されました。年少者の場合、この法律の対象となるのは、国内では日本語を第2言語として学習する外国人児童生徒であり、国外では、日本語を外国語として学習する児童生徒のほかに、海外に在住する邦人・日系人の子どもが含まれます。つまりは「継承語としての日本語教育」です。また、国内外どちらの場合も、子どもの母語・継承語の健やかな育成は、人間形成、アイデンティティの確立、学習言語の獲得に必要不可欠なものとなります。

　バイリンガル・マルチリンガル子どもネット（BMCN）は、バイリンガル・マルチリンガル環境で育つ子どもが、グローバル時代が必要とするバイリンガル・マルチリンガル人材に育つことを願って、子どもの言語発達や人格形成を支援する有志の会として、2016年に設立されました。異文化のなかで子育てを余儀なくされる親をはじめ、教育者、研究者など、子育てに関わるすべての人を対象とする会です。本会は、毎年年次大会を開催し、会員であれば、本書のカミンズ教授の講演など、大会で行われた講演の発表録画、資料が本会ウェブサイト（https://www.bmcn-net.com/）より無償で閲覧できます。その他、BM子ども相談室、分科会活動、ワークショップなどを通して、国内外のバイリンガル・マルチリンガル環境で育つ子どもの言語発達や教育の支援、学習会、意見交換などを行っています。

　2020年度のBMCNの年次大会では、2018年より毎年取り上げてきた特別課題である「日本語教育推進法」のまとめとして、「『日本語教育推進法』に関する国際フォーラム〜グローバル人材を育む国内外の継承語教育推進のために〜」と題するオンライン国際フォーラムを国際交流基金の「知的交流会議助成プログラム」助成を受けて開催しました。このフォー

ラムは、長引くコロナ禍のなか、オンラインの強みを生かして世界各地をつなぎ、継承語教育の現状と課題について情報を共有し、国内外の幅広いネットワークの基盤を築くことを目的としました。特に、日本を含む世界6地域をつなぎ、15の国・地域の代表者22名がそれぞれの地域の課題を中心にオンラインディスカッションを行いました。参加した国・地域は、日本、アジア（香港、タイ、韓国）、豪州、北米（カナダ、アメリカ）、南米（ブラジル、パラグアイ、ペルー、アルゼンチン、ボリビア）、欧州（スイス、ドイツ、フランス）です。また、この推進法の「日本語教育推進法関係者会議」で座長を務められた西原鈴子教授に、「『日本語教育推進法』のこれまでの歩みを振り返って」と題する講演をしていただき、次に、このフォーラムの締めくくりとして**「現地語と継承語：バイリンガル・マルチリンガル教育の重要性」**と題して、ジム・カミンズ教授に、今後私たちが共通の認識を持って議論を続ける上で必要なバイリンガル・マルチリンガル育成の基礎知識について講演をいただきました。

　カミンズ教授は過去50年にわたり、世界的に影響力のある理論的概念を数多く提唱されてきました。「しきい説」や「2言語相互依存説」「共通基底言語能力モデル（Common Underlying Proficiency：CUP）」「BICSとCALP（のちのConversational Fluency：CF、Discrete Language Skills：DLS、Academic Language Proficiency：ALP）」などはご存知の方も多いのではないでしょうか。また、カミンズ教授は、絶えず弱者（マイノリティグループ）の側に立ち、ESL/ELL教育、特別支援教育、ろう教育、継承語教育など、幅広い学問領域において、現場の声を聞きながら、弱者をエンパワーすることに力を注いでこられ、影響を受けた現場の教師や生徒の数は計り知れないのではないかと思われます。特に、貧困や偏見からくる児童生徒の学力不振を脱するための方策を**「変革的マルチリテラシーズ教育理論」**で明らかにされたのは画期的なことでした。

　2021年度の年次大会では、前年度の「オンライン国際フォーラム」の成果を踏まえて、国際交流基金と一部共催で、カミンズ教授には**「現地語と継承語：複数言語環境で育つ子どもへの指導ストラテジー」**と題して、「変革的マルチリテラシーズ教育理論」の内容も含めた基調講演をしてい

ただきました。また、海外子女教育、外国人児童生徒教育および日本の行政や政策に深く関わってこられた佐藤郡衛教授に指定討論者としてご登壇いただきました。佐藤教授のお話の詳細は、本書の編集委員長でBMCN会長でもある中島和子トロント大学名誉教授による「解説：言語マイノリティのためのバイリンガル・マルチリンガル教育論とトランスランゲージング教育論」（pp.153-156）にまとめられています。その他に前年度の国際オンラインフォーラムの対象地域をさらに広げ、北欧4国（スウェーデン、フィンランド、ノルウェー、デンマーク）からの代表による発表もありました。

　2022年度の講演では、年次大会のテーマを「多言語環境で育つ子どもの教育を考える」とし、カミンズ教授には**「バイリンガル教育理論とトランスランゲージング教育論——言語政策と教育実践への示唆」**と題して、現場の実践において、トランスランゲージング教育論の理論面と実践面についてさらに一歩踏み込んでお話しいただきました。

　このように3年にもわたりバイリンガル・マルチリンガル教育で世界的権威のカミンズ教授に基調講演をお願いできたことは、大変光栄で貴重なことでした。また、カミンズ教授の英語でのご著書が多数あるなかで日本語での訳本は少ないという状況のなか、今回、カミンズ教授の3つの講演をレクチャーシリーズとしてまとめ、出版できることは有意義なことと思います。「日本語教育推進法」が公布され、今後、国内外の現場で順調に推進されていくためにも、カミンズ教授が講演会でお示しくださった内容は、私たちに指針と方策を考える機会を与えてくださる意義深いものです。ぜひお読みいただき、今後に役立てていただけると幸いです。

　この本の構成は、まず、カミンズ教授の3つの講演を和訳してご紹介します。これらの講演はシリーズとしてお願いしたのではなく、年度ごとにお願いしたものですので、それぞれの内容が独立しています。よって、講演で一部重複されている部分があります。そして、中島教授の「解説」が続き、最後に資料として、カミンズ教授が3つの講演で使われたパワーポイントのスライド（英語版）を掲載しました。

　本書の編集にあたっては、まず、各年次大会でカミンズ教授のご講演および講演スライドの和訳を数人の方がご協力くださいました。その和訳を

土台に、我々編集委員会では、中島和子編集委員長を中心に鈴木庸子委員、髙橋悦子委員、桶谷仁美委員の4名が編集に携わりました。

　最後になりましたが、今回出版の機会を与えてくださいましたジム・カミンズ教授に改めまして心からお礼申し上げます。また、今回の出版に際し、多大なご支援をくださいました明石書店様にもお礼申し上げます。

　世界は今後も多言語・多文化に育つ子どもが増えることが予想されます。どの子どもも弱者となることなく健やかに育つよう、私たちは研究に裏打ちされた理論を指針として、教育の実践に携わっていきたいものです。皆様の今後の活動に少しでもこの書が貢献できることを願ってやみません。

2025年2月　　　　　　　　　　　　　　　　　桶谷　仁美
　　　　　　　　　　　　　　バイリンガル・マルチリンガル子どもネット副会長
　　　　　　　　　　　　　　　　　　　イースタンミシガン大学教授

バイリンガル・マルチリンガルの子どもと教育の未来　目次

出版にあたって …………………………………………………………………… 3

レクチャー I　マジョリティ言語とマイノリティ（継承）言語
バイリンガル・マルチリンガル教育の重要性
［ジム・カミンズ（トロント大学名誉教授）］　11

はじめに——マイノリティ言語児童生徒の課題 ……………………………… 12
1. カナダの多様文化主義と継承語政策 ……………………………………… 18
2. 移民の背景を持つ児童生徒の学業成績 …………………………………… 23
3. マイノリティグループの児童生徒にとっての
   第1言語と第2言語の関係 ………………………………………………… 26
4. 言語間の転移を促進する教育論（Crosslinguistic Pedagogy）………… 32
5. 共有基底能力と相互依存説に対する妥当な批判はあるか ……………… 36
6. 日本の公立学校における中国系児童生徒の
   発達途上にあるバイリンガルの縦断的研究
   ——言語政策と社会統合を焦点に ………………………………………… 39
7. 結　論 ………………………………………………………………………… 41

レクチャー II　マルチリンガル環境で育つ子どもの教育のあり方について再考する
マジョリティ言語とマイノリティ言語、両言語の力を伸ばす教育上のストラテジー
［ジム・カミンズ（トロント大学名誉教授）］

はじめに ……………………………………………………………… 44
第1部　主な研究の成果 …………………………………………… 48
第2部　マルチリンガル学習者が経験する機会の格差に対応するため、
　　　　エビデンスに基づいた指導を特定する総合的な枠組み ………… 59
第3部　入れ子型教育のオリエンテーション ………………………… 74
結　論 ………………………………………………………………… 79

レクチャー III　バイリンガル教育理論とトランスランゲージング教育論
言語政策と教育実践への示唆
［ジム・カミンズ（トロント大学名誉教授）］

はじめに ……………………………………………………………… 82
パート1　第2言語教育の理論的背景に対する歴史的概観 ………… 83
パート2　バイリンガル教育（L2イマージョンやCLILを含む）の
　　　　　研究成果と2つの指導原理 ……………………………… 89
パート3　「マルチリンガル・ターン」の出現と
　　　　　「クロスリングィスティック・トランスファー」を
　　　　　目指す教育 ……………………………………………… 100
パート4　日本および他の地域において第2言語教育に関する
　　　　　研究と理論が示唆するもの …………………………… 117

| 解説 | 言語マイノリティのための
バイリンガル・マルチリンガル教育論と
トランスランゲージング教育論
カミンズ教授が示す政策のあり方・学校のあり方・
教師のあり方 | 123 |

［中島　和子（トロント大学名誉教授）］

1. はじめに ……………………………………………………………… 124
2. レクチャーの経緯と背景 …………………………………………… 124
3. カミンズ教授の教育論の歴史的流れ ……………………………… 125
4. レクチャーの要約と実践上の指針 ………………………………… 133
5. 日本国内外のバイリンガル・マルチリンガル教育事情 ………… 137
6. 2言語相互依存説──日本語を1言語とする実証的研究 ………… 141
7. アカデミック言語 …………………………………………………… 145
8. マルチリンガルとしてのアイデンティティ ……………………… 147
9. トランスランゲージング教育論──CTTとUTT ………………… 150
10. これからの日本の学校のあり方・教師のあり方
　　──佐藤郡衛先生（指定討論者）のスライドを踏まえて ……… 153
11. おわりに──マルチリンガル教育論と年少者のための
　　「ことばの教育の参照枠」………………………………………… 157

参考文献 ……………………………………………………………………… 161

| 資料 | 講演に用いたスライド | 173 |

2020年講演　レクチャーⅠ …………………………………………… 174
2021年講演　レクチャーⅡ …………………………………………… 188
2022年講演　レクチャーⅢ …………………………………………… 206

略　歴 ………………………………………………………………………… 228

レクチャー I	マジョリティ言語と マイノリティ（継承）言語 バイリンガル・マルチリンガル教育の重要性

ジム・カミンズ
トロント大学名誉教授

はじめに──マイノリティ言語児童生徒の課題

　皆さん、こんにちは。私の名前はジム・カミンズです。カナダのトロント大学のオンタリオ教育研究大学院の名誉教授です。このセミナーに出席できることを大変嬉しく思います。

　私が今日お話ししたい問題は、言語マイノリティの背景を持つ児童生徒に関することです。まさにこれは世界中の多くの国で議論されている問題です。現在、人口移動の頻度は人類の歴史のなかで史上最高であり、経済的な理由でよりよい仕事を求めて国から国へと移動する人々、また命を守るという理由で移動する難民や亡命希望者、そして、家族との再統合のために、国から国に移り住む人々がいます。その結果、多くの国で、社会の優勢言語である学校言語以外の言語を話す児童生徒が学校に大勢入ってくる、あるいはすでに在籍していることになります。例えば、私が住んでいるカナダ、オンタリオ州のトロント市では、学齢期の子どもの50％以上が英語を家庭で話さない子どもたちです。バンクーバーやその他のカナダの主要都市でも同じです。そういう子どもの比率も非常に高く、全校生の30〜40％に近い場合もあります。このため学校では、このような多様性にどのように対応すべきか、教師の役割は何か、校長の役割、政策立案者の役割は何かなどが課題となっています。今日はこの問題についてお話ししたいと思います。

私の経歴と背景

　まず最初に、私自身の背景について少しお話ししたいと思います。私はアイルランドのダブリンで生まれました。英語版のスライド2（p.174）の左側にアイルランドの地図がありますが、私の最初のバイリンガリズムとバイリンガル教育の経験は、アイルランド語を学ぶことでした。アイルランド語またはゲール語は、アイルランドの公用語であり、「国語」と見なされていますが、実は絶滅の危機に瀕している言語でもあります。アイルランド語はすべての学校で教えられてはいるのですが、流暢に会話を何時間も続けることができるのは、おそらく人口の約10〜20％の人たちだけ

でしょう。
　アイルランドで育った私は、アイルランド語を学んだ経験が二度あります。初めの経験は6歳か7歳、小学校1年生のころでした。両親が私を「オール・アイルランド」と呼ばれる学校に入れたのです。この学校はアイルランド語のイマージョン・スクールで、授業の80％がアイルランド語、20％が英語でした。両親は特にアイルランド語保持に熱心だったわけではなく、たまたま兄が通っていた学校に一番近い学校だったというだけです。その年は、まだ兄が通っている学校に入学させてもらえず、1年待たなければならなかったのです。
　オール・アイルランド学校で小学校1年の指導をアイルランド語で受けたため、最初は理解できないことが多かったのを覚えています。ただ数ヵ月すると、何が周りで起こっているかだんだん分かってきました。そしてその年の春には、バスで家に帰る途中、友達とアイルランド語を話していたことを覚えています。ですから、この私の経験は、トロントの同僚であるメリル・スウェイン教授がいう「涙なしのバイリンガリズム」の例だったのです。
　実は涙を流したのは、翌年別の学校に行った時でした。これが二度目のアイルランド語の経験です。この学校では、毎日約45分間、教科としてアイルランド語を教えていました。アイルランドでは、この方法がもっとも典型的なもので、学校でアイルランド語を本当のコミュニケーションのために使うことはまったくなかったのです。学校の教科の1つとしてアイルランド語を学んでいただけでした。このため、8歳から18歳までの10年間に、それ以前の6、7歳の時に獲得したアイルランド語のあの流暢度はすべて失われてしまいました。10年以上もアイルランド語を習っていたにもかかわらず、こういう状況だったのです。アイルランド語の試験でよい成績を取り、文法も分かり、エッセイを書くこともできましたが、私のアイルランド語の会話の流暢さは、はるかに劣っていました。
　このような経験を持って大学院の勉強のために私は、カナダに行ったのです。カナダ中西部の州の1つ、アルバータ州のエドモントン大学で、英語背景の子どもとフランス語背景の子どもが混在するフランス語と英語の

バイリンガルプログラムの研究で、博士号を取得しました。この研究の結果分かったことですが、バイリンガルプログラムで両方の言語が伸びる、いわゆるバランスの取れたバイリンガル（balanced bilingualism）は、認知的にも言語的にも優れ、言語に対する気づきや思考の柔軟性等においてもはるかに優れていることが分かりました。その後アイルランドに帰ったのですが、2年後またカナダに来て、その後基本的にはトロント大学で、過去40年を過ごしました。研究テーマもイマージョンプログラムですが、幼児からフランス語を使って教育を受ける英語背景の子どもたちのフレンチイマージョンだけでなく、移民背景の子どもの研究もしています。例えば、勉強で英語話者に追いつくのにどのぐらい時間がかかるのか、英語を学んで学校で成功するのにどのぐらいの時間がかかるのか、また、子どもの第1言語と第2言語には、どのような関係があるかなどが、今日皆さんにお話ししたいことです。

主な論点

　主な論点は、まず国際的な視点に立った、教育における言語的多様性や文化的多様性に関する社会的・教育的政策についてです。私が問題にするのは、カナダのことだけに限りません。このような視点・論点について国際的にこれまで行われてきたすべての研究に目を向けます。ただ私はそれぞれの国がどうすべきかという、規範的な答えを出すつもりは毛頭ありません。どの国もユニークで、それぞれその国独自の歴史があり、社会的優先事項があるし、その国のグループや言語集団による独自の社会構造があります。このため、どの国もこれらの課題についてそれぞれ独自の政策を策定しなければなりません。しかし、世界各地の社会政策や教育政策を見ると、その政策が主に次の2点に依拠しているように思われます。1つは、社会的価値とその重要度に関連するイデオロギーです。例えば、すべての子どもに効果的な教育を与えることがその社会で、どの程度の優先事項になっているでしょうか。また教育機会の平等が重要だと、どの程度の信念を持って考えられているのでしょうか？　これらはイデオロギーの問題です。すべての子どもが十分な栄養を与えられて、無料で教育を受けること

レクチャーⅠ　マジョリティ言語とマイノリティ（継承）言語

主な論点

- 言語的・教育的多様性に関する社会的・教育的政策の国際的展望
- すべての国が従うべき範例を示すつもりは毛頭ないが、通常社会的・教育的政策は、次の2つの要因から導き出されている。
  - 社会的価値観とその重要度に関するイデオロギー上の考慮
  - 政策や実践に関する研究成果と科学的考察
- イデオロギーに根ざす教育政策・実践は、科学的評価基準を満たさない限り、容認されるべきではない。
  - 「バイリンガル教育は非アメリカ的」（イデオロギーの主張）
  - 「バイリンガル教育は英語（第2言語）の発達を妨げない」（実証的データに基づく科学的主張）
- 言語マイノリティ児童生徒に対して、これまでに科学的にわかっていることとは？
  - L1（第1言語）とL2（第2言語）がどのような関係を持っているのか。
  - この子どもたちの学習効果を上げるために学校は何ができるのか。

資料 レクチャーⅠスライド3（p.175）

をどのぐらい大事に思うかという信念の問題は、社会によって多少異なります。社会の価値観を反映するイデオロギーは常に存在します。

　これらに対して、社会的目標を達成するのにどのような政策や実践がもっとも効果的かを問う研究や科学的考察もあります。そして私がいったように、政策にはイデオロギーと実証的な研究成果が混在しているものです。また、科学的主張を評価する基準が満たされない限り、イデオロギーに根ざした教育政策や教育実践を正当化することはできないのです。例えば、アメリカの例ですが、レーガンが大統領だった1980年代に遡ります。レーガン大統領はマイノリティグループの子どもためのバイリンガル教育に極めて懐疑的でした。多くの米国国民がそのころ思っていたように、いや今の時代でもそうですが、レーガン大統領は「バイリンガル教育は非アメリカ的だ」といったのです。それは明らかにイデオロギーに基づく発言であり、1つのイデオロギー上の主張です。そしてそれが実証的に正しいかどうか判断するのは不可能です。それが価値観だからです。しかし、レーガン大統領はまた多くの人が、バイリンガル教育は健全な英語の発達を妨げる、あるいは遅らせるといっているともいいました。スペイン語を話す子どもたちがバイリンガルプログラムで、授業時間の50％をスペイ

ン語、残りの50％を英語で過ごしており、英語に費やす時間が減れば当然英語の成績が低下すると多くの人が思う、ということです。このため、バイリンガル教育が英語の発達を妨げると主張したのでしょう。しかしこれは科学的な主張ですから、これまでの研究データが何を示しているかを実際に点検することができます。そして実際、この主張は、これまでの研究によって**根拠がないもの**として論駁されているのです。つまり政策について論じる時は、イデオロギー上考慮すべきことか、それとも、科学的に正当性または妥当性があるものかどうかを考慮する必要があります。今日皆さんにお話しするに当たって、科学的に実証可能な問題を中心に話を進めますが、同時にそれが政策決定に至る1つの要素にしかすぎないことを認識しているということも、お分かりいただきたいと思います。

まず科学的にすでに分かっていることとして、**第一に、(a) マイノリティ言語グループの子どもたちの第1言語と第2言語の関係について**、そして**第二に、(b) マイノリティの子どもたちが学業で成功するように学校がどのような支援ができるか**、これらの問題について、これまでの研究成果を見ていきたいと思います。

レクチャーⅠの構成

今日は、次の7項目に分けてお話しします。

第1に、カナダやその他の国々のマイノリティグループに関する社会政策に注目したいと思います。私はカナダで仕事をしており、カナダの政策議論には長年携わってきましたが、カナダの状況はかなり興味深いのです。その理由はいろいろあります。まずカナダには広い意味での多文化主義政策があることです。カナダは過去40年の間に移民が大幅に増えました。移民受け入れは、カナダにとって政治的なサッカー（ゲーム）ではなく、移民を大量に受け入れることこそがカナダの経済発展につながる重要なものであり、追求されるべきものであるという点で、保守派とリベラル派の両政党が一致しているのです。

第2に、OECD（経済協力開発機構）のデータに基づいて、移民背景の児童生徒の学業成績を見ていきます。皆さんは、OECDのPISA（学習到達

調査）をご存知だと思いますが、OECDは、過去20年ほどにわたって世界各国の学校で移民背景を持つ生徒がどのような状況にあるかを示す膨大なデータを持っているのです。移民の背景を持つ児童生徒が学校でどのような成果を上げているか分かるのです。

　第3は、子どもたちが学校言語を学ぶ上で、**子どもの家庭言語の役割は何か**ということです。家庭言語は、実際に第2言語を伸ばすのに役に立つものでしょうか、それとも妨げになるものでしょうか。繰り返しになりますが、これらは政治的に物議を醸すトピックなのですが、科学的な観点から見るとそうではないのです。

　第4は、第3との関連で**バイリンガル教育や継承語プログラムの成果**について触れたいと思います。

　第5として、**私自身が提唱した2言語相互依存仮説とCUP説（common underlying proficiency、共有基底能力）という2つの理論的根拠**についてお話しします。上記のバイリンガル教育のプログラムの成果を理論的な観点から説明するためです。基本的には、読み書きに関連するスキルの発達において、子どもの第1言語は、第2言語または学校言語のこれらのスキルの発達と相互依存的または、互いに重複し合うところがあるという仮説です。これが、第1言語と第2言語の読み書きの力の間に一貫して強い相関関係が見られる理由です。ということは裏を返せば、2言語の相互依存、つまり知識やスキルや概念の「転移（transfer）」が2言語間で起こるために、言語間に共通する基礎能力と呼ばれるものを提示する必要があるのです。

　ところで、**トランスランゲージング（Translanguaging、TL）**に関する最近の議論をご存知の方も多いでしょう。また、**欧州評議会の複言語主義（plurilingualism）という用語はどうでしょうか。これが第6のポイントです**。トランスランゲージングや複言語主義は比較的新しい理論ですが、今多くの論文や著書で話題になっています。特にトランスランゲージングの概念に関する研究が爆発的に増えています。これは主に、オフェリア・ガルシア教授とそのニューヨークの同僚たちによる非常に示唆に富んだ実践研究によるものです。これらの理論の理論的根拠は何でしょうか？　複数

言語環境で育つ児童生徒の数が多い学校の教師にとって、バイリンガル教育は言語の数が多いため実施不可能です。しかし、カナダ、アメリカ、ヨーロッパの教育者が過去10年ほど、いや10年以上にわたって探求してきたことは、子どもが**母語／第1言語で身につけた知識を基盤として、第2言語による教科学習をどのように支援するか**ということです。子どもたちが入学した時に、子どもの第1言語の力をどうしたら第2言語を構築するための強力な基盤として使えるかという課題です。そしてこれこそが、本質的にトランスランゲージングという概念が目指しているものです。

最後の、**第7のポイント**は、マイノリティグループの児童生徒が現地の学校で成功するために、学校は何ができるかということです。ここで私が提案するシンプルな答えは、児童生徒が言語を使ってパワフル（powerful）なことをする必要があるということです。子どもたちに語彙、文法、言語に関することなど、いわゆる**言語そのものを教えるだけでは不十分**です。新しい言語に対してアイデンティティが生まれるように、その言語を使ってパワフルなことをすることによって、彼らが自分のアイデンティティを肯定することができるのです。その例をいくつか紹介しましょう。

1. カナダの多様文化主義と継承語政策

まず最初に、カナダの多文化主義と継承語政策についてお話しします。カナダの地図（資料 レクチャーⅠスライド5［p.176］）を見ても分かるように、カナダは連邦制度の社会であり、国全体に関するさまざまな問題を統轄するのは連邦政府ですが、例えば医療制度とか教育制度など、各州個別の問題については州政府の管轄となっています。このため、英語教育、第2言語としての英語教育、継承語・家庭言語の教育政策については、州によって異なるため、カナダ全体についてお話しするのは難しいのです。

1.1　すべての政党が支持をするカナダの多様文化主義政策と移民政策

しかし国の政策を見ると、一般的にカナダと関連づけて使われる用語は、多様文化主義（multiculturalism）です。オーストラリアにも連邦政府の多

様文化政策があります。カナダの多様文化主義政策は 1971 年に［革新派の］ピエール・トルドー首相によって始まったものです。ただ当時は、「カナダ多様文化主義」(Canadian Multiculturalism Act) がまだ法律ではなく、1988 年に保守党政府によって初めて法律として成立したのです[1]。つまり、多様文化主義は、右派と左派が対立する政治問題ではなかったことが分かります。明らかに極右の人々は多様文化主義に大反対でしたが、それは彼らの多くが本質的に白人至上主義者だったからです。一方左派は多様文化主義に懐疑的でした。彼らの多くが、当時カナダ社会が必要としているのは反人種差別であり、そのために社会構造を変える必要があると主張していました。反人種差別としては多文化主義法では不十分でした。このため、当時の多様文化政策の目的は、すべてのカナダ人がそれぞれ尊重すべき権利と文化を持っているという事実を強化することでした。国は、特定の民族文化グループの文化や宗教に関与する意図はなかったのです。この特定の民族文化グループへの権利の保障は、カナダの法律「カナダ人の権利と自由に関する憲章」(Canadian Charter of Rights and Freedoms) のなかで取り扱われてきたのです。つまり、多様文化主義法そのものよりも「権利と自由に関する憲章」の方が、言語マイノリティに関する学校のあり方や社会のあり方に関してより影響力があったということです。

　カナダの移民問題は、多様文化主義法と結びつけて語られることが多いのですが、過去 40 年間、自由党も保守党も比較的質の高い移民の受け入れを支持し、毎年およそ 25 万人から 30 万人以上の移民を受け入れてきたのです。移民には、大雑把にいって経済移民、家族再統合移民、難民の 3

---

[1] カナダの「二言語の枠組みのなかでの多様文化主義政策」は、東部のフランス系カナダ人とイギリス系カナダ人の対立と、西部の移住者団体のニーズなどカナダ特有の事情を踏まえて成立したものである。首相宣言を受けて連邦政府によって多文化主義局（Multiculturalism Directorate）が設置され、翌年多文化推進プログラム（Cultural Enrichment Program）が始まった。ただ「多様文化主義法」が正式に成立したのは 1988 年で、その間に「カナダ人の権利と自由に関する憲法」(1982) が成立、その 27 条で多様文化主義が認められている。日本語訳「カナダ多文化主義法」は『多文化主義・多言語主義の現在――カナダ・オーストラリア・そして日本』(1997, 人文書院) に掲載されている。継承語教育の立場から論じたものについては、ジム・カミンズ、マルセル・ダネシ『カナダの継承語教育――多文化・多言語主義をめざして』(2005/2020, 明石書店) pp.22-23 を参照のこと。

つの種類があります。最大数の移民は経済移民で、ポイント制度の規定に基づいてカナダが受け入れています。つまり、カナダはカナダの経済に貢献できる移民を求めているのです。このため、カナダでは仕事に空きがある場合、それを埋められる移民を探します。前にもいったように、カナダの移民政策の背後にある主な動機は経済ですから、移民は経済にプラスになるということで政党間でかなりのコンセンサスが得られているのです。実際、州と州の間では、より多くの移民の関心を引き付けようとする競争があります。それは、州が経済的発展を望んでおり、移民受け入れが経済の発展を刺激することが実証されているからです。

　継承語プログラム、現在オンタリオ州では「国際語プログラム」(International Languages) と呼ばれていますが、オンタリオ州のこのプログラムは、1970年代に保守党政府によって開始されたものです。かなり前に始まったものですが、政治的状況に応じてさまざまに変化するなかで、なんとか維持されてきました。現行の継承語プログラムは、州政府から資金援助を受けて、毎週2時間半、継承語の授業が行われます。通常の授業時間内に学校で継承語クラスが開かれることがないわけではありませんが[2]、大体は通常の授業時間外に設けられています。その理由は、さまざまな言語背景を持つ生徒が1箇所ではなく、あちこちに散在していて、例えば、日本人の背景を持つ児童生徒の場合、学校の地域の周りの10〜15の学校にバラバラに在籍している可能性があるのです。そういう児童生徒が1つの学校に集まって共に学べるように授業時間外に継承語クラスを設ける必要があるのです。ところで、継承語プログラムにはだれでも参加できます。私の息子たちも、約2年間継承日本語プログラムに通いました。理由は長男の仲がよい友達の母親が日本出身だったからです。

---

[2] 「継承語」から「国際語」に名称を変更したのは1993年である。「国際語」プログラムには5つの形態がある。その1つが「統合型授業時間延長プログラム (Integrated Extended Day Program)」で、地域の大規模移民グループの言語を公立学校の授業の一部として教えるものである。例えば、中国語やパンジャブ語のクラス。その他は「放課後プログラム」「週末プログラム」「(親と一緒の) 夕方・夜間プログラム」「夏休みプログラム」等である。ジム・カミンズ、マルセル・ダネシ『カナダの継承語教育——多文化・多言語主義をめざして』p.199-206を参照のこと。

レクチャーI　マジョリティ言語とマイノリティ（継承）言語

　ところで、アルバータ州の継承語プログラムは、1974年当時、オンタリオ州とはまったく異なるものでした。そのころ私自身、アルバータ州の大学にいてちょうど博士論文が終わるころでした。アルバータ州の継承語プログラムはバイリンガルプログラムで、授業時間の50％を英語、残りの50％を継承語を使って教科を学んでいました。そのプログラムは集中的に子どもの継承語を実際に伸ばすのに役立つものでした。今でもアルバータ州では、このような継承語プログラムがほぼ10の言語で行われています[3]。

　政治問題に話を戻しますと、アルバータ州はカナダでもっとも保守的な州です。にもかかわらず言語政策では、英語やフランス語だけでなく、ウクライナ語、日本語、アラビア語などコミュニティの発展に必要なコミュニティ言語を育てるもっとも先進的な州です。カナダの状況をあまりバラ色に描きたくはありませんが、現実には多様文化主義は、幅広いレベルにおいて比較的賢明な政策だといえます。しかし、国や州の多様性の支持、多様文化主義などの政策にもかかわらず、カナダには制度上の人種差別が存在し、一部の地域での先住民コミュニティに対する差別は深刻です。ただ、例えば米国やヨーロッパ諸国の各地と比べると、人種差別が「水面下」に追いやられていると思われます。カナダでは政治家は人種差別的発言をすることはどの政党でも許されず、人種差別は全国で非難の的となっています。これに比べて、現在でも米国では人種差別が「水面下」ではなく現実の課題であり、ヨーロッパでも多くの地域で反移民感情が広まっています。カナダはこの点で違います。ですが、それは人種差別が存在しないという意味ではありません。人種差別はカナダにも存在しますし、どうしようもない社会の病理現象であると見なされ、受け入れられてはいませ

---

[3] アルバータ州は、1970年代初頭からカナダの州の中で初めて公立校（K-12）において、公用語以外の言語を使って教科を教えることを許可した州である。のちに州の『言語教育政策』（1988）では、継承語教育の重要性を鑑み、公用語以外の言語を習得・維持したい児童生徒には、パーシャルイマージョンプログラム（エドモントンの場合は50/50％）を通して学校言語と継承語の2言語で学習する機会を与えている。現在は、アラビア語、中国語、ドイツ語、イタリア語、ラテン語、日本語、パンジャブ語、スペイン語、ウクライナ語などのプログラムを設けている。詳しくは、https://www.alberta.ca/international-languages を参照。

んが、人種差別がカナダにはないという意味ではありません。

1.2 カナダの健全な人口増加は多様文化主義のおかげか

ここで、カナダの移民政策と多様文化主義に関する実情を反映していると思われる新聞記事を紹介しましょう。これはグローブ・アンド・メール紙（The Globe and Mail）のジョン・イビッソン（John Ibbitson）というジャーナリストが書いたコラムです。グローブ・アンド・メールはカナダでは中道右派の新聞で、記事のタイトルは「カナダの健全な人口増加は多様文化主義のおかげか」[4]です。私はこの記事に賛成です。記者の視点がデータによってサポートされていると思います。

> 「カナダの人口は、過去30年にわたる健全な移民政策のおかげで、2011年から2016年までに5％増加し、今後数十年でさらに増加して、2060年までに5000万人に達するでしょう。……この結果、今日カナダ人の5人に1人は、カナダ生まれではないのです。」

現在、カナダの人口は約3600万人です。

> 「……その結果、カナダ人は5人に1人が外国生まれです。」

これは私自身にも当てはまります。私はアイルランド生まれで、若いころにここカナダに来ました。妻も国外生まれです。イビッソンは続けて、

> 「そして多くの移民を受け入れることに消極的な欧州の人口は、出生率の低下も加わって落ち込み、特に外国人に対して排他的な東欧諸国では、この傾向がもっとも明らかです。ブルガリアなどは2060年までに人口の半分は失うでしょう。」

---

[4] Ibbitson, J. (2017). "Why you can thank multiculturalism for Canada's strong population growth." *The Globe and Mail*. May 03, 2017.

カナダの人口の増加は移民によって担保されています。

「しかし、この問題は欧州だけではありません。2060年までに日本の人口は1億3000万人弱から1億人強へと急激に減少し、今世紀末までには8000万人ぐらいに落ち込むでしょう。」

イビッソンは、この人口減少の経済的影響について次のように語っています。

「移民政策だけが、人口減少を食い止める方法ではありません。移住先の国民が真に多文化を受け入れなければ、国として統合することができず、敵意に満ちた貧しい少数民族集団を生み出してしまうことになります。これは欧州の一部で、すでに見られる現象です。カナダは真の多様性を維持するために、ニューカナディアンをただ1つの地域からではなく、世界各地から受け入れることによって、この罠を避けることができたのです。」

2. 移民の背景を持つ児童生徒の学業成績

カナダにとって大事なことで、イビッソンが言及はしてはいなくとも、示唆していることがあります。それは**教育システム**です。ニューカマーをカナダ社会に統合するための政府や政府機関の役割の1つが、ニューカマーの子どもたちが学校でよい成績を収められるように支援することです。明らかにヨーロッパの多くの国や地域では、これが実現できませんでした。移民出身の児童生徒は学校でうまくいかなかったのです。一方カナダはどうでしょうか。

OECDのデータによると、多文化政策を実施しているカナダ、オーストラリアの2ヵ国は、移民背景の子どもたちをサポートする強力なインフラを備えています。第2言語教育を専門とする教師から英語を学ぶことができるし、さまざまな支援があるため、他国と比べて移民背景の児童生徒

表1　PISA読解力（2003, 2006）における移民背景、児童生徒の第1世代と第2世代の差

	PISA 2003 Gen 1	PISA 2003 Gen 2	PISA 2006 Gen 1	PISA 2006 Gen 2
オーストラリア	－12	－4	＋1	＋7
オーストリア	－77	－73	－48	－79
ベルギー	－117	－84	－102	－81
カナダ	－19	＋10	－19	0
デンマーク	－42	－57	－79	－64
フランス	－79	－48	－45	－36
ドイツ	－86	－96	－70	－83
オランダ	－61	－50	－65	－61

資料 レクチャーⅠ スライド8（p.177）より作成

の学校の成績がよくなる傾向が見られます。カナダ、オーストラリアを含む8つの国のPISAのデータ（表1）を見てみましょう。

　PISAとはProgram for International Student Assessmentの略です。表1のデータは、時代を遡りますが2003年と2006年のPISAの評価です。Gen 1 すなわちGeneration One、第1世代とは、国外で生まれて国を越えて移動した移民の子どもです。Gen 2、つまり第2世代とは、移民した両親から受入れ国で生まれた生徒です。表1のカナダの段をご覧ください。移民背景の子どもの平均と一般のカナダ人の移民背景ではない子どもの国の平均とを比べてその差を示しています。つまりゼロは国の平均と同じで、プラスは国平均を上回り、マイナスは国平均を下回るということです。8ヵ国の状況を概観すると、ほとんどの数字が国の平均を下回っていますね。まずベルギーを見ると、国外で生まれた移民背景の子どもはPISA（2003）の読解力で、ベルギー人の子どもよりも117点も点数が低いことが分かります。オーストラリアを見ると、オーストラリアの移民背景の子どもは12点下で、カナダは19点下でした。しかし、次に第2世代、つまりホスト国で生まれた子どもを見ると、オーストラリアではマイナス4と僅差ですが、カナダでは、カナダ人の平均を10点も上回っていました。

　次に2006年の結果を見ると、オーストラリアでは、国外で生まれた第1世代の移民生徒もオーストラリアで生まれた第2世代の移民生徒の成績も、オーストラリア人の子どもの国平均をわずかに上回っています。カナダの

移民生徒の成績はどうかというと、第1世代は19点下回っていますが、第2世代になるとゼロ、つまりカナダ人生徒一般の全国平均と同じだということです。他の国では、移民背景の生徒の成績がほぼすべてマイナスで、移民出身生徒、また現地生まれの移民生徒の成績が、その国出身の生徒の成績と比べてかなり劣っています。ここで私たちは、どうしてこのような結果になっているかを問う必要があります。

2010年のOECDの報告書を見てみると、次のような説明があります。

> 「PISAの結果によると、カナダに入国後3年以内の移民の生徒のPISAの結果は平均500点であった。これは国際基準から見て極めて高い得点である。比較してみると、2006年のPISAの読解力が、カナダ移民1世の平均は520点、米国は490点以下、フランスは430点以下である。またカナダはPISAにおいて移民と母語話者生徒との差が少ない、数少ない国の1つである（ちなみに米国では22点、フランスとドイツでは約60点の差がある）。カナダ人2世は、カナダの1世よりも成績が大幅に向上しており、その傾向はすべての生徒に時間の経過とともに見られるということも分かった。最後にカナダは、学校言語を家庭で話さない生徒と話す生徒との間に、成績の差が見られない数少ない国の1つであることも分かっている。」(pp. 70-71)

この点はどう説明すればいいでしょうか。1ついえることは、オーストラリアもカナダも、受け入れる移民が国民とほぼ同じ教育レベルであるということです。このため、多くのヨーロッパ諸国が抱える社会経済的な主要な問題がなく、移民の受け入れが［解決すべき］問題だという認識がないのです。**移民は、カナダの経済にとって重要なものと捉えられ、公教育の学校でも移民児童生徒を歓迎し、母語の維持と英語学習のサポートの両方で支援すべきであるという姿勢があります。**もちろん、繰り返しになりますが、カナダの現実には、問題がないわけではありません。地域による差があり、生徒の学業成績も州によって大きく異なりますが、全体的に見て現状はかなり前向きだということです。

3. マイノリティグループの児童生徒にとっての第1言語と第2言語の関係

　さて、私のプレゼンテーションの3番目の項目に移りますが、テーマは言語マイノリティの児童生徒の第1言語と第2言語の関係についてです。ご存知かもしれませんが、PISAデータによると、カナダは、家で母語を話し続ける生徒と、学校で使う第2言語を家でも話すようになった生徒との間に、成績の差がなかった数少ない国の1つです。ヨーロッパの多くの国では、家庭での母語使用と第2言語の達成度との間にマイナスの関係があることから、第1言語が児童生徒の害になると考える人が多いのです。私はこの点について、データを注意深く丁寧に見てみました。その結果、すべてのギャップや問題は、児童生徒の移動先の国での**滞在期間**等の問題に起因していることが分かったのです。1年前に入学したばかりの生徒、つまり滞在期間が1年の場合は、家庭で子どもは親と母語で話すのが普通でしょうし、また親の方も学校で使う言語がまだ分からず、学校言語に関する知識もまだ不十分でしょう。このため家では家庭言語を使用するのが当然です。そしてもしこのような生徒と、すでに滞在期間が10〜15年になって家庭言語を現地語にスイッチして家でも使用するようになった児童生徒と比較すれば、それだけ現地語を学ぶ機会があったのですから、現地語の知識という点で、両者には大きな違いがあります。ですからデータの解釈をする際には、その移動した国での滞在期間を考慮に入れる必要があるのです。

　調査から分かったことですが、移民背景の子どもが学校でどのような言語を学び、またどのように読み書き能力、つまりリテラシーを身につけるかが大事です。子どもは滞在期間が長くなるにつれて、現地語を習得し、流暢に話せるようになりますが、同時に言語の読みと書きを学び、語彙も増やしていきます。このような学校言語は、日常会話で使う言語とは大きく異なります。例えば日常会話では、「光合成」や「分子」などについて話すことはあまりないでしょう。でも学校では理科の授業でよく取り上げられる問題です。したがって、学校で発達した言語の側面を見ると、研究

では一貫して**リテラシーと教科学習言語能力では 2 言語間に中程度から強度の相関関係がある**ことが示されているのです。

　ここで、過去 15 年ほどの間に行われた文献レビューの結果をいくつか紹介しましょう。最初は、米国で出版された『言語マイノリティの子どもと青年のリテラシーの発達に関する全国リテラシーパネルの報告』(August & Shanahan, 2006) の一部です。このパネルは多くの業績がある信頼できる研究者を多角的観点から選出して、移民背景の言語マイノリティの子どもたちの英語の読み書き能力の発達に関わるすべてのデータを徹底的に調査分析したものです。その結果、**リテラシーと教科学習言語能力の領域の研究では、かなり強固な 2 言語間の関係**が示されました。言語間の相互依存関係を支持する証拠として、ドレッサー＆カミル (Dressler & Kamil, 2006) が、報告書『言語マイノリティの子どもと青年に関する全国リテラシーパネル』のなかで、結論として次のようにいっています。

　　「以上をまとめると、これらすべての研究がバイリンガルの読解力の言語間転移の証となっている。この関係は、
　　(a) 類型的に異なる言語間でも（つまり私たちは言語上の転移だけについて話しているのではなく、概念的な転移についても話しているのです）
　　(b) 小学校、中学校、高校など、どの段階の子どもたちでも
　　(c) 外国語としての英語学習者にもまた第 2 言語として英語を学ぶ学習者も
　　(d) 時間の経過とともに（ということはある時点での英語力によってその後の英語力の予測ができるということです）
　　(e) 第 1 言語から第 2 言語へ、また第 2 言語から第 1 言語へ両方向で［転移が］見られるということ」(p. 222)（つまり［転移は］双方向だということです）。」

そして最後に、

　　「第 1 言語と第 2 言語との関係は時間とともに強まるものである。幼稚

園児から小学校3年生になるまでの間に、英語とスペイン語の相関係数がゼロから 0.68 に上がった。」

とドレッサー&カミルはいっています。幼児教育の初期段階、学校に通うようになったばかりの移民背景の子どもは、まだ英語を学ぶ機会がないために何の関係も見られないことがよくあります。また両言語の関係を調べる方法がまだこの初期段階ではないのです。このデータは、1980年代にケンジ・ハクタ（Kenji Hakuta）たちが行った研究調査の結果です。ハクタ博士[5]はこの分野の先駆者の1人であり、スペイン語と英語の相関がゼロから強い相関（.68）まで変化したといっています。このように第1言語と第2言語の関係が学年が上がるにつれて強まることは、多くの研究で報告されています。

3.1　マイノリティグループの児童生徒のためのバイリンガル教育
　　　──その有効性に対する実証的研究による圧倒的支持

　次の研究のまとめは全米国立科学・工学・医学アカデミー（NASEM）によって実施された最近のレポート（2017）です。いずれも米国の機関で、研究者を集めて特定の分野の研究を通してどのような結論が出ているかを検討し、その報告書を書いて政策立案上の重要度を明らかにしたものです。その1つが次の（a）と（b）の比較です。

　　（a）英語のみを使って学校で学んでいる言語マイノリティの英語学習者
　　（b）バイリンガルプログラムに在籍する英語学習者

　この研究成果を総合すると、「（a）と（b）は英語力において違いがな

5　ケンジ・ハクタ博士はスタンフォード大学の名誉教授。1970年代にうぐいすという名前の日本人幼児の第2言語としての英語の習得過程を克明に追跡調査した論文（例：A Case Study of a Japanese Child Learning English as a Second Language (1976), *Language Learning*, 26., 321-351）を発表。その後の著書に *Mirror of Language: The Debate on Bilingualism* (1986), New York: Basic Books 等がある。

い」、あるいは「(b) バイリンガルプログラムの英語学習者の方が (a) の英語のみで指導を受けた英語学習者よりも英語力が高い」ということでした。

つまりこの研究のまとめで分かったことは、小学校の低学年では一般的に違いが見られないが、小学校の後半においては、英語で学ぶ授業時間が (a) よりもずっと少ないにもかかわらず、(b) のバイリンガル指導を受けた子どもの方が、学校の成績がよいということです。全米国立科学・工学・医学アカデミーが出した結論は、指導言語の長期的な影響に関しては、英語オンリーのアプローチとバイリンガル・アプローチを比較すると、バイリンガル・アプローチの方が利点が大きいということです（資料 レクチャーⅠスライド10 [p.178]）。よって研究者グループの間では、つまり科学的観点によると、議論の余地はないという結論です。ただイデオロギー的には、米国その他でバイリンガル教育についてはまだ多くの議論があります[6]。

3.2　共有基底能力（CUP）モデル
──言語間のダイナミックな相互依存関係

ここで、前に述べた共有基底能力について、お話しする必要があります。[次ページのスライドに示したように] 2言語の表層面はまったく異なる2言語かもしれません。明らかに英語と日本語の場合は、非常に異なる2言語であり、表層面では表記法や文法構造などが異なります。しかし、深層面、つまり概念レベル、また学校で伸びるリテラシー・スキル（つまり読み書

---

[6]　講演後のカミンズ教授の回答によると、「『二重言語教育』（例えば英語50％、スペイン語50％を授業で使用）と通常呼ばれる米国のバイリンガル教育は、1970年代から2015年ぐらいまでは批判の対象であったが、ここ10年ぐらいは、小学校の終わりぐらい、つまり6年生、12歳児になると、英語だけで授業を受けた言語マイノリティの子どもたちよりも、より英語の習得で成果を上げるということで、批判の対象となっていない。NASEM（2017）、Valentino & Reardon（2015）などの研究成果のおかげで、米国ではバイリンガル教育に反対する研究者が姿を消しているといえる。ただ米国における外国人排斥のイデオロギーが消えたわけではなく、移民全般、特に不法移民に向けられる反移民言説は、共和党の極右政治家やメディア評論家の間でより一層広まっている」という。

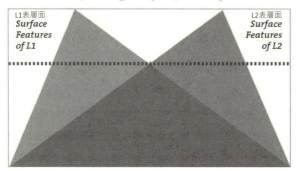

資料 レクチャーⅠスライド 11（p.179）

きの力）などでは、言語と言語の間に重複するところがあり、言語間に相互依存的関係が見られます。これまでバイリンガリズムを可視化するために、氷山の喩えや二重の氷山を使ってきました。当然目に見える表層面が水面下にある深層面よりも小さく、深層面には共有し合い、重なり合う部分が多いのです。このため、児童生徒の第1言語と第2言語の読み書き能力の間には、一貫してしっかりとした関係が見られるのです。

3.3　カヒカテアの木の喩え

　もう1つ、バイリンガリズム、マルチリンガリズムを考える上で役に立つ喩えがあります。それは、ニュージーランドのソフィ・タマティ（Sophie Tamati）が博士論文で提案したものです。ニュージーランドに自生するカヒカテア（Kahikatea）という木は、湿地帯の浸水土壌に育つ木で、異なる木々の根が互いに絡み合うことによって、個々の木が育つと同時に、樹木林全体の成長が支えられているそうです。次ページのスライド12の

レクチャーⅠ　マジョリティ言語とマイノリティ（継承）言語

カヒカテアの木の喩え
The Kahikatea Tree Metaphor

(Sophie Tauwehe Tamati ［2016］「バイリンガル教育のためのトランスアクイジッション
(Transacquisition) ペダゴジー：Kura Kaupapa Māori 校における研究」Auckland大学博士論文)

浸水土壌に育つ木で、互いに絡み合った根によって、木それぞれの成長及び
樹木林全体の成長が支えられている。

資料 レクチャーⅠスライド12（p.179）

　右の写真を見ると、木々が互いに重なり合うように生えていることが分かります。1本の木が他のさまざまな異なった木と根の部分で、互いに絡み合いつながり合うことで、個々の木としても、また樹木林全体としても成長が可能になるということを示しています。タマティは、マルチリンガリズムとはこのようなものではないかといっています。表層面では個々の異なった言語として区別できるが、表面下の深層面では、異なった言語が重なり合い、絡み合い、交差し、互いに影響し合うということです。

3.4　言語間転移の種類

　深層面の言語間の関係ですが、これまでの研究で分かっている言語間の「転移」（つまり、トランスファー、transfer）には以下のように5つがあります。このなかの「概念の転移」についてですが、もし2言語が、例えばフランス語と英語のように互いに極めて近い2言語の場合は、「特定の言語要素の転移」「音韻認識の転移」「形態素に対する気づきの転移」、それらに加えて「認知的ストラテジーと言語的ストラテジーの転移」が起こ

ります[7]。

- **概念**の転移（例：「光合成」という概念の理解）
- **特定の言語要素**の転移（例：photosynnthesis（光合成）という単語のなかのphotoの意味）
- **音韻認識**の転移（単語が異なる音で構成されているという認識）
- **形態素に対する気づき**の転移（単語を構成する形態素、語根、接頭辞、接尾語など）
- **認知的ストラテジー**と**言語的ストラテジー**の転移（例：視覚化ストラテジー、グラフィックオーガナイザー[8]の使用、記憶を助けるデバイス、語彙習得ストラテジーなど）

4. 言語間の転移を促進する教育論 (Crosslinguistic Pedagogy)

　では、こういうことは児童生徒を教える上でどのような意味があるのでしょうか？　特にトロントの多くの公立学校のように、言語マイノリティの子どもたちが持ち込む言語の数が夥しい数に上り、バイリンガルプログラムの実現が不可能という状況ではどうすればいいのでしょうか。トロントの教室では世界各地からきた子どもたちが、まるでミニ国連のように教師の前にずらりと並ぶのです。

　ここ10年から15年の間に、いかに学校言語についての知識を高めるかという課題と同時に、子どもたちの第1言語を言語習得の基盤、あるいは

---

[7] 英語と日本語のように言語差が大きい2言語の場合についてカミンズ教授は、トロント補習授業校小・中学生を対象にした英語力と日本語力の関係に関する調査の結果を踏まえて、「例えば、スペイン語と英語など、インド＝ヨーロッパ系の言語族の言語間では概念の転移と特定の言語要素の転移の両方が起こるが、例えば日本語と英語など、言語差が大きい二言語の場合は主として概念的、認知的転移が中心になる（例えば学習ストラテジーなど）」と述べている（カミンズ・中島, 1985：148）。

[8] グラフィックオーガナイザー（graphic organizer）とは、視覚的なツールを使って、考えやアイディア、概念、また、それらの関係性を、図などを用いて表現し学習や指導に役立てるもの。例えば、ベン図、マインドマップ、KWLチャートなどがある。

リソースとしてどのように使うかについて議論するために、さまざまな用語が提案されてきました。まず「トランスランゲージング」（Translanguaging）[9]、「ヘテログロシック（異種言語混合）指導方針」（Heteroglossic instructional orientation）[10]、「マルチリンガル・ターン」（多言語使用への方向転換）[11]、「プルーリリンガル・ペダゴジー」（複言語教育論）[12]などがその例です。私自身は「バイリンガル・インストラクショナル・ストラテジー」（バイリンガル指導ストラテジー）という用語を使いますが、イタリアのイーサニー・ギャラガー（Eithane Gallagher）は「インターリンガル指導法」[13]という用語を使っています。これらの用語に共通しているのは、バイリンガル教育や第2言語教育において、**2言語をそれぞれ切り離して扱うことを否定して、言語間の転移の促進に徹するという点**です。

次に、カナダの教育現場において、この点がどのように実践につながっているか、いくつか例を示したいと思います。

4.1　アイデンティティを容認する学校環境を作り出すこと
——家庭言語と家庭文化を価値あるものとする

資料 レクチャーⅠスライド15（p.181）の映像は、自宅のすぐそばにあるカナダの公立小学校の入り口にある掲示板です。教育委員会が、学区域のコミュニティで使われている言語のなかから最大10言語まで選んで表示できるパネルを作ってくれるのです。登校した時に、子どもはそこに自分の言語があることを確認できますし、保護者が子どもを迎えに来た時には、学校が子どもとその言語を「歓迎します」という意味のシンボルになります。言語マイノリティの子どもたちに、経費をほとんどかけずに強力なメッセージを送ることができるのです。

---

[9]　トランスランゲージングについては、レクチャーⅢに詳しい説明がある。
[10]　ヘテログロシック指導ストラテジーは、Blackledge & Creese（Eds.）（2014）. *Heteroglossia as Practice and Pedagogy.* を参照。HeteroglossiaはBakhtin（1935/1981）が用いた用語。
[11]　マルチリンガル・ターンについてはレクチャーⅢのパート3を参照。
[12]　プルーリリンガル・ペダゴジーについては、レクチャーⅢのパート3を参照。
[13]　インターリンガル指導法については、Gallagher, E.（2015）を参照。

同じ学校ですが、廊下を歩いていたら、英語以外の言語を使って壁に張り紙をしている子どもたちがいました。教室のなかに入ってみると、「人間関係」というテーマで、スペイン語の「empatía」（共感、感情移入）について話し合っていました。1人の子がスペイン語で「empatía」の意味について考えをまとめて、それをスペイン語で書いていました（資料 レクチャーⅠスライド16 [p.181]）。つまり、学校という環境が、実際にさまざまな言語が飛び交う場となり得るということです。

4.2 「二重言語ショーケース」THE DUAL LANGUAGE SHOWCASE

これは20年前に、私自身が関わった「二重言語ショーケース」というプロジェクトです。さまざまな国からカナダに来た移民背景の子どもが集まっている小学校[14]で、児童生徒たちが母語と英語の両方、つまり二重言語で物語を作って本にするのです。資料 レクチャーⅠスライド17（p.182）の左側に使用された言語の［長い］リストがあります。英語よりも家庭言語の方が得意な新入生の場合は、最初家庭言語で書いて、親とか地域のボランティア、あるいは英語の方が流暢な年上の子どもに英訳してもらいます。逆に、英語でまず書いて、それを両親やその言語が分かる教師に、家庭言語に訳してもらうこともあります。全部で100冊以上の子どもの創作作品がウェブ上に掲載されています。

4.3 マルチリテラシーズプロジェクト（The Multilingual Literacies Project）

私が関わったもう1つのプロジェクトは、マルチリテラシーズプロジェクトと呼ばれ、これもニューカマーの児童生徒が、教師に励まされて家庭言語と英語の両方で文章を書く、という取り組みです。資料 レクチャーⅠスライド18（p.182）に示した例は、英語を学び始めてまだ1年目の6年生トマー・シャハールの作品です[15]。彼は「トマー、ケンタッキーに行く」

---

14 Thornwood Public Schoolは生徒数561名の幼児から6年生までの公立小学校である。「二重言語ショーケース」のURLはhttps://thornwood.peelschools.org/dual-language-showcase-site

15 トマーの15ページからなる挿絵入り作品はこちら：www.multiliteracies.ca/index.php/

という物語を書きました。トマーはイスラエルの農村で育ち、馬が大好きで馬のことをよく知っていました。もし教師が、学校では英語以外の言語は禁止、すべて英語を使うべきだという考えで、トマーに英語で文章を書くように勧めたら、彼は不正確で苦し紛れの英文を2～3行しか書けなかったでしょう。トマーの教師は、トマーに得意な第1言語（ヘブライ語）で文章を書くように勧めたのです。そして、ヘブライ語が分かる学校の教師が英訳を手伝ってくれました。このプロセスに関するトマーの洞察が非常に役立ちます。

> 「自分の第1言語を使うことはとても役に立つと思います。なぜなら、ここに来たばかりで何も理解できない時は、まるで赤ちゃんのようですから。」

とトマーはいいました。これは彼のアイデンティティです。12歳の男子や女子の多くは、赤ちゃんのような無力感を感じるのを決して好まないでしょう。

> 「英語が分からなければ、最初からすべてを学ぶ必要があります。しかしすでに別の言語で知っていたら、それはもっと簡単で、翻訳できるし、自分の言語を使うこともできるし、第2言語を理解するのも、もっと簡単になります。」

ここでトマーがいっていることは、基本的に2言語相互依存の概念であり、共有基底能力です。彼は続けてこういっています。

> 「初め、リサ先生が何をいっているのか、ヘブライ語っていう単語以外、全然分かりませんでした。でも先生が自分の言語でやってもいいよ、といってくれたのは、すごくよかったと思います。なぜなら何も

せずに、ただ座っているわけにはいきませんから。」

　極めて残念な現実ではありますが、学校言語を知らない子どもたちは、教師が彼らを助ける方法を知らないために、世界中の多くの教室で何もせずにただ座っているだけなのです。これは教師養成プログラムのあり方と関係がありますし、また多様な背景の子どもの多い学校のあり方とも関係があります。児童生徒が授業の内容が分かるようにするにはどうすればいいのか、そのための何らかの戦略を私たちは持つべきでしょう。

4.4　グループ活動「アラビア語と英語はどのように異なるか」

　これは別の学校の例ですが、小学4年生のESL[16]クラスの取り組みです。さまざまな言語背景の子どもがいるクラスで、教師が同じ言語背景の子どもを集めて、英語と自分が使う家庭言語とを比べるというグループ活動をしていました。資料 レクチャーⅠスライド19（p.183）のノートは、アラビア語を家で話している子どもたち7人が作った英語とアラビア語の類似点と相違点のリストです。明らかにこの活動は、言語の機能に対する気づきを高めるのに役に立ちます。また同時に、子どもたちの家庭言語を正当化し、家庭言語を教室のなかに持ち込むことを許容しているのです。家庭言語がこの種のプロジェクトには欠かせないリソースであり、教師は子どもにそのメッセージを明確に伝えています。

5.　共有基底能力と相互依存説に対する妥当な批判はあるか

　ここまで、言語マイノリティ児童生徒の第1言語と第2言語の間には強

---

[16] ESLはEnglish as a Second Language の略で、国内の外国人児童生徒のための日本語教育（JSL）に相当する。ただ移住者児童生徒の数が全校生徒の50%以上を占めるカナダのオンタリオ州では、ESLに加えてELD（English for Literacy Development）が併設されている。ELDは、劣悪な生育環境のために年齢相応の読み書き能力や教科学習能力を欠く、小学校3年以上から20歳までの児童生徒のためのプログラムである。ESL・EDLを教えるには、一般の教員資格に加えてESL・EDLを教える追加資格を取得する必要がある。

い関係があり、それには確かな実証的な根拠があると主張してきました。ただ、共有基底能力と2言語相互依存説に対する妥当な批判はあるのでしょうか？　過去40年間、2言語相互依存説に関する数百に上る調査研究には、どれも以下の2言語相互依存説の定義との整合性がありました。その定義とは、次のようです。

> 「児童生徒が別の言語Lxを媒体として授業を受けて伸びた言語Lxの力は、（学校や周囲の環境で）言語Lyに接触する機会が十分にあり、またその言語を学習する動機づけが十分にある場合は、言語Lyに転移する。」
> 　　　　　　　　　　　　　　　　　　　　　（カミンズ, 1981a, p.29)

ということで、転移が起こるためには必要な条件があるのです。

5.1　相互依存説のベルテレとランベレットによる検証

　数年前に出版された著書（2018）とその後の一連の研究では、言語の相互依存性について極めて懐疑的でした。著者はラファエル・ベルテレ（Raphael Berthele）とアメリア・ランベレット（Amelia Lambelet）というスイスの研究者です。スイスのフランス語圏とドイツ語圏の両方で、ポルトガル語を母語とする児童生徒の読み書きの力を調査したものです。ご存知のように、スイスには大きなフランス語圏とドイツ語圏、小さなイタリア語圏があります。調査の対象は、小学校3年の初めから4年の終わりまでの児童生徒で、調査の目的は第1言語と第2言語が互いにどのように関係しているかを調べることでした。2年の間に三度、母語であるポルトガル語とフランス語、またはポルトガル語とドイツ語がどのような関係にあるかを調べて、相互依存説の検証をしようと考えたのです。対象児は、フランス語圏のフランス語学校の生徒114名、ドイツ語圏でドイツ語学校に在籍する生徒119名でした。

　著者たちはこの調査の結果、相互依存説が支持されなかったと主張しています。しかし、データを詳細に調べたところ、まったく異なる結果となりました。ここで詳細に立ち入る時間はないので、2言語の相関関係に関

表2 言語間に相互依存関係が見られなかったとベルテレとランブレットは主張するが、データの数字は相互依存関係を支持している！

Testing Point	フランス語圏		ドイツ語圏	
	P/F	P/P	P/G	P/P
T1-T2	.43	.70	.44	.63
T2-T3	.58	.69	.59	.69

資料 レクチャーⅠスライド22（p.184）より作成

するデータだけに注目します。

　表2を見ると、T1-T2が1回目のテストと2回目のテストの結果に基づく2言語の関係を示し、T2-T3が2回目のテストと3回目のテストの結果による2言語の関係を示しています。つまり、言語間の関係について縦断的な視点で調べているということです。フランス語圏での言語間の関係を見ると、ポルトガル語に関しては、T1-T2のポルトガル語の読み書きの力（P/P）とT2-T3のポルトガル語の読み書きの力の同言語間の相関関係が0.70、0.69とかなり高度であることが分かります。一方フランス語とポルトガル語の異言語間の相関関係（P/F）は、それほど高くはありませんが、それでも0.43と0.58と、有意の関係でした。次にドイツ語圏を見てみると、非常によく似たパターンが見られます。ポルトガル語の同言語間（P/P）では、T1-T2およびT2-T3で0.63と0.69と高度の相関関係がありますが、ポルトガル語とドイツ語（P/G）との異言語間の相関関係では0.44と0.59でした。つまり、同言語間の相関関係は0.60台を維持していますが、異言語間では予想通りやや低目になっています。それでも0.44と0.59という、かなり高い有意の数値を示しているのです。

　ここで注目すべきことは、3学年から4学年に進むにつれて、つまり児童生徒の年齢が上がるに従って、言語間の相関関係が大幅に増加するということです。これは、相互依存説から当然予測されることです。そして同言語間と異言語間の相関関係の差は、約10ポイントしかありません。というわけで、著者たちが調査の結果、相互依存性は支持されなかったとどうして主張できるのか、その理由が不可解です。この研究は、言語間の強い相互依存性を示す、適切にデザインされた研究なのです。

6. 日本の公立学校における中国系児童生徒の発達途上にあるバイリンガルの縦断的研究
　　——言語政策と社会統合を焦点に

　最後に、日本の研究者である真嶋潤子教授や櫻井千穂准教授ほかが大阪で行った調査研究の論文に簡単に触れたいと思います。これは、来年出版される本の１章で、そのタイトルは「日本の公立学校における中国系児童生徒の発達途上にあるバイリンガルの縦断的研究——言語政策と社会統合を焦点に」(A Longitudinal Study of Emergent Bilinguals among Chinese Pupils at a Japanese Public School: A Focus on Language Policies and Inclusion)です。ラティシャ・メアリー（Ratisha Mary）、アン＝ビルテ・クリューガー（Ann-Birte Krüger）、アンドレア・ヤング（Andrea S. Young）が編集した本で、Multilingual Mattersから出版される予定です[17]。書名は『移民と多言語主義と教育——インクルージョンに関する批判的視点』(Migration, Multilingualism and Education: Critical Perspectives on Inclusion)です。真嶋・櫻井の章は、大阪府のある公立小学校での取り組みを記録した非常に興味深い論文です。この小学校には多数の外国にルーツを持つ児童生徒、特に中国出身の生徒が在籍しています。以下は、その論文からの引用です[18]。

　　「子どもたちに母語の使用を禁ずることは、母語・母文化、両親に対する恥と軽蔑、ひいては自尊感情の低下およびアイデンティティの危機に苦しむといった、一連の否定的な心理的結果につながる。」(p. 97)

　著者たちはここで中島和子教授が行った研究について言及しています。真嶋・櫻井の研究は、第１言語の中国語と第２言語の日本語のバイリンガ

17　予定通り2021年に出版され、その第16章（最終章）に、カミンズ教授の論文が掲載されている。そのタイトルは、Pedagogies of Powerful Communication: Enabling Minoritized Students to Express, Expand and Project Identities of Competence.
18　Majima, J. & Sakurai, C. (2021) の書誌情報と内容の概要については、資料 レクチャーⅡスライド28〜30（pp.201-202）またp.73の注16を参照のこと

ルの力を測定するという縦断的調査で、合計110名の生徒を10年間追跡したものです。その10年間にもわたる学校との関わりを通して、学校が行ってきた一連の取り組みを見ることができます。

その1つが、2012年に常勤の日本の教育免許保持者で中国語と日本語のバイリンガルの教師を採用したことです。この教師は、中国語を家庭で話す小学生のための「取り出しクラス」で、中国語を使用して指導することもあり、それによって、学校は中国人生徒の保護者とよりよいコミュニケーションを保つことができるようになりました。双方の理解をより深めるために、日本の学校文化に関する説明書の中国語訳を改訂し、また校舎内の多言語サインやポスターなどを掲示して学校の物理的な環境も変えました。つまり、学校は日本人オンリーのゾーンではないというメッセージを発したのです。同時に学校が生徒たちの家庭言語を歓迎し、家庭言語が学習のリソースであることを生徒自身に伝えたのです（Yu, 2019）。

家庭言語は、家族のメンバーのコミュニケーションのための強力なツールでもあります。また生徒たちの将来の仕事の可能性や日・中バイリンガルとしてのアイデンティティの育成のためにも重要なものです。この観点から、中国人児童が中国語を話すことに対して、教師が褒めること、それを尊重することを態度で示すことが大事だといっています。さらに学校で、全校生の異文化理解を高めるために、校長主催の全校作文プロジェクトにも、中国人生徒が参加しました。「誇り」「夢」「つながり」などのテーマで中国語の作文を書き、それを日本語に訳した生徒もいました。また卒業式には、［日本語と中国語の］バイリンガル・プレゼンテーションをすることも奨励しました。

6.1 量的研究の結果

量的調査の結果では、子どもたちがネイティブのように流暢な会話力を身につけるよりも、日本語の学習に必要な読解力を身につける方が、はるかに時間がかかることが分かりました。このため、一見「日本語をマスターした」と人に思われるようになった子どもにも、引き続き数年間にわたって教師のサポートが必要なのです。このことはカナダその他の国でも

よくいわれていることです。子どもたちが日常会話を身につけるのと、教科学習に必要となる学習言語を習得するのには、大きなギャップがあるためです。このギャップを埋めるには、第2言語としての日本語教育を専門とする教師に日本語の問題を任せる、あるいは［英語圏の場合は］第2言語としての英語教育を専門とする教師に任しておけば問題が解決するという考えは通用しません。**第2言語教育の専門教師が1年間サポートをした後、それぞれのクラスの教科担任教師が、かなり長い期間にわたって、マイノリティ言語を母語とする子どもが持つギャップを、つまり教科学習で必要とされる言語の習得をサポートする必要があるのです。**

さらにこの研究では、中国語を話す力と聞く力に加えて、中国語を読む力が発達している子どもは、中国語を話す・聞く力の両方あるいはいずれかの力はあるが、中国語の読み書きの力が身についていない子どもと比べて、日本語の読解力が著しく優れていることが分かりました。繰り返しになりますが、これこそまさに2言語相互依存なのです。子どもの第1言語が発達すればするほど、教科学習言語を習得するための基盤がしっかりとした強固なものになるのです。したがって、これまで言及してきたデータすべてに共通しているものです。先ほど述べたスイスの研究者ラファエル・ベルテレとアメリア・ランベレットの研究のデータにも同じことが示されているのです。

7. 結　論

結論は極めて簡単です。**国際的に見て、移民の背景を持つ児童生徒の母語の力と、学校で使用する現地語の読み書きの力の発達には、2言語間に有意の関係があることがさまざまな研究によって強く支持されている**ということです。これについて学術面での論争はありません。そして、学校という場で直接、家庭言語を児童生徒に教えたり、私がお話しした2言語の本を書くなど、**2言語が密接に関わり合う活動（crosslinguistic initiative）**や、トランスランゲージング・イニシアチブ（translanguaging initiative）などの取り組みなどを通して、児童生徒の第1言語をサポートすることが、

さまざまな面で児童生徒の成功につながります。

これまでの研究で分かっていることは、次の4点です。

- 第1言語と第2言語について、メタ言語的認識を促進すること（教師が奨励したアラビア語と英語をつなぐプロジェクト（資料 レクチャーⅠ スライド19［p.183］）がその例の1つ）
- 概念の言語間の転移、言語的要素（linguistic features）、学習ストラテジーの転移を促進すること
- 子ども自身の言語や文化に対する誇りを肯定すること
- 保護者の関与を奨励すること

要するに、私がここで強調したいのは、政策上、さまざまな観点から考慮に入れるべきイデオロギー上の問題があるかもしれませんが、国際的な学術的研究に関する限り、論争も反論もまったくないということです。**児童生徒の家庭言語を継続して伸ばすことを奨励するために私たちがすることは、どれもすべて子どもの学校言語の力を強めることになるのです。**もちろん家庭言語を家で継続して伸ばすこと、そしてそれが子どもたちにとってよいことであることを保護者に伝えること、学校という文脈で子どもの家庭言語（母語、第1言語）をサポートする活動に取り組むことなど、私たちにできることすべてが役に立つのです。

レクチャー II

マルチリンガル環境で育つ子どもの教育のあり方について再考する
マジョリティ言語とマイノリティ言語、両言語の力を伸ばす教育上のストラテジー

ジム・カミンズ
トロント大学名誉教授

はじめに

　私の今日のレクチャーのタイトルは「マルチリンガル環境で育つ子どもの教育のあり方について再考する――マジョリティ言語とマイノリティ言語、両言語の力を伸ばす教育上のストラテジー」です。このタイトルの最初の部分は、Multilingual Matters 社から今年出版された私の新著『マルチリンガル環境で育つ子どもの教育を再考する』[1]から取ったものです。公教育における学校で、学校言語（現地語）を使って学ぶ言語マイノリティの児童生徒のことばの学習や、教科の学習上のニーズにどう対処したらいいか、効果的な実践とは何か、という観点から、この本のテーマのなかからいくつか選んでご紹介したいと思います。

概要――質問と課題

　今日のレクチャーで焦点を当てたいと思うのは、次の2点です。1つは、**外国にルーツを持ち、外国語の背景のある日本在住の外国人児童生徒の教育**です。もう1つは、**日本語を母語・家庭言語とする海外で育つ子どもたちの教育**です。これら2つの教育についての私の知識は、長い年月をかけて一緒に手がけてきた中島和子先生との共同研究[2]、そして日本の課題をテーマとしたトロント大学大学院の日本人の院生の研究を通して得たもの

1　Cummins, J. (2021a). *Rethinking the Education of Multilingual Learners: A critical analysis of theoretical claims*. Bristol, UK: Multilingual Matters.
2　これまでカミンズ教授との共同研究で手がけた論文や著書には、次のようなものがある。
・Cummins, J., Swain, M., Nakajima, K., Handscomb, J, Green, D., Tran, C. (1984). Linguistic Interdependence among Japanese and Vietnamese immigrant students. In Revera, C. (ed.) *Communicative competence approaches to language proficiency assessment: Research and applications* (pp. 61-81). Clevedon, UK: Multilingual Matters.
・カミンズ, J.、中島和子 (1985).「トロント補習授業校小学生の二言語能力の構造」東京学芸大学教育センターバイリンガル・バイカルチュラル教育研究プロジェクト報告書『バイリンガル・カルチュラル教育の現場と課題』(pp. 141-179).
・ジム・カミンズ（著）・中島和子（著訳）『【新装版】言語マイノリティを支える教育』(2011/2021) 明石書店
・ジム・カミンズ、マルセル・ダネシ（著）・中島和子（著訳）、髙垣俊之（訳）『【新装版】カナダの継承語教育――多文化・多言語主義をめざして』(2005/2020) 明石書店

です。私がレクチャーを行うにあたって念頭に置いているのは以上の２つの領域で、その中心課題は、教師や指導者が、マジョリティ言語である学校言語とマイノリティ言語である母語・継承語の両方で、会話力と教科学習言語能力を伸ばす上で、まず知っておくべきことは何か、そしてどのような指導方針で当たるべきか、ということです。

　レクチャーⅡは３部構成になっています。第１部では、これまでの研究で分かっていることに焦点を当てて、マルチリンガル環境で育つ児童生徒を効果的に教えるためにすべての教師と学校で指導的立場にある人が、知っておかなければならない研究成果とは何か、という問いに答えることです。すべての教師と、特に強調しているのは、児童生徒が学校言語を学ぶのを支援するのは専門の教師の仕事であるという前提が、長年にわたって存在してきたからです。カナダやアメリカ、ヨーロッパの多くの国でそうだったのです。例えばカナダでは、学校全体のコミュニティの一部に、ESLの教師、つまり第２言語としての英語を教える教員がいて、この教師たちが学校言語を学ぶ生徒、つまり移民の背景を持つ児童生徒の初期段階を教えています。残念なことに、このような仕組みになっているために、中等教育レベルの公立学校の教師や教科担任の教師は、「この子たちに言語を教えるという問題は他のだれかがやってくれるだろう」という考え方になってしまっています。「われわれの仕事は教科内容を教えることだ。ESL教師、つまり第２言語として英語を教える教師のサポートを受けた後で初めて、教科学習がこなせるようになるのだ」と考えています。この前提には多くの問題があり、それについて今日のお話のなかで説明したいと思います。

　第２部では、これまでの研究から明らかになってきたことをどのように実践に結びつけるか、ということに焦点を当てます。どのようなグループやカテゴリーの児童生徒が、学校でその達成度において限界があるのか、それを特定するためのフレームワーク、枠組みを紹介します。これは研究者が**機会の格差**と呼ぶもので、言語マイノリティの子どもたちが学校で経験する、教育を受ける機会格差に対応するためには、どのような指導方針、指導ストラテジーが効果的か、という点について実証的研究が明らかにし

ていることを示します。

　最後の第3部では、より広範囲にわたる教育上のオリエンテーション、指向性に焦点を当てます。これらの教育的指向性が重要なのは、この課題が**アイデンティティに関する問題**を含んでいるからです。まず**教師自身のアイデンティティ**です。教師が個人のレベルでも、学校という組織のレベルでも、教育という仕事そのものをどのように理解しているかという点で重要です。児童生徒に学校で使用する言語、つまり学校言語を教える時、私たちは何をしようとしているのでしょうか。教科内容を教える時はどうでしょうか。私たちが目指している生徒像とは、どのようなものでしょうか。生徒に何を知ってもらいたいと考えているのでしょうか。卒業する時にどんな人になっていてほしいのでしょうか。こうしたことが、マイノリティ言語背景の生徒にもマジョリティ言語背景の生徒にも当てはまるのです。

　私は3つの異なる学び、**知識の授与・伝達的学び**（Transmission）、**社会構築主義的学び**（Social Constructivist）、そして**変革的な学び／変革教育学的学び**（Transformative）を区別したいと思います。変革的教育学はさまざまな伝達手段を用いることが多いので、「**変革的マルチリテラシーズ教育論**」（Transformative Multiliteracies Pedagogy）という用語も使っています。子どもたちは、自分が行った調べ学習の成果をまとめて発表する際、ビデオを作成したり、ウェブサイトや印刷物を作ったりするなど、さまざまな方法で発表します。これら3つの入れ子型教育的指向性（three nested pedagogical orientations）は、私だけでなく、さまざまな人が指摘しています。いろいろな人がさまざまな指向性を使っていますが、一般的にはこれら3つは互いに対立するものと考えられています。例えば、ブラジルの教育者パウロ・フレイレ（Paulo Freire）[3]の研究をご存知の方も多いと思いますが、フレイレはリテラシー教育において、批判的な指向性（critical orientation）、

3　パウロ・フレイレ（Paulo Freire）（1921～1997）は、変革的教育学にもっとも影響を与えたブラジルの批判的教育学者・哲学者。主著に『被抑圧者の教育学』（1979 [邦訳], 2021 亜紀書房）（原著は *The Pedagogy for the Oppressed*, 1970 [英訳], New York: Herder and Herder）がある。資料 レクチャーⅡスライド32（p.203）にも言及がある。

変革的な指向性（transformative orientation）と、彼が「銀行型教育」（"banking education"）[4]と呼んだものとを明確に区別しました。「銀行型教育」というのは、子どものメモリーバンクに情報を預けるだけの教育です。フレイレはこれら2つの指向性はまったく相容れないものだと考えていましたし、私もそれぞれの指向性だけに固執するならば、多くの点で相容れないものだと考えています。

　しかし、私は、これら3つが互いに**入れ子型**になっているのであって、対立してはいないという理解の上に立ってこの用語を用いています。**知識の授与・伝達的学び**では、すべての教育的指向性において、情報やスキルの伝達が重要な要素です。しかし、その焦点をどこまで絞るかという点では差があります。教科内容の伝達だけに固執すれば教育とは何かという点で、非常に狭いアプローチを取らざるを得なくなります。次の**社会構築主義的学び**は、私たちがやろうとしていることの範囲が単なる知識の伝達にとどまらず、児童生徒が経験を積み、指導を実生活に結びつけて言語を使ってできることを増やしていくという面から、生徒たちが単に知識を授受するだけではなく、生徒自身が知識を構築していけるように生徒を支えようという考え方です。最後の**変革的な学び／変革教育学的学び**は、私たちの社会で議論されている問題、つまり、権力の問題、イデオロギーの問題、不平等の問題に目を向けることと絡み合うのです。変革的学びでは、基本的にこれらの問題に児童生徒たちが取り組む必要があるとしています。これは、未来の市民のための教育であり、生徒たちが市民としてその人生のなかで、これらの問題に取り組む必要があるのです。今日のプレゼンテーションのなかでこれら3つの学びの指向性について、さらに詳しく説

4　「銀行型／預金型教育」（Banking model of education）は、前ページ注3のブラジルの教育思想家・実践家パウロ・フレイレが、その著書『被抑圧者の教育学』（1968, 1979）で使った用語。フレイレは20世紀半ばにラテンアメリカで貧困に喘ぐ農民を相手に民衆教育に長らく従事していた。「銀行型／預金型教育」は、教わった知識を銀行口座に貯めるだけで、現実の課題を解決すべきツールとして使おうとしない受け身の態度で、その逆の「問題解決型教育」は、対話を通して被抑圧者と抑圧者の関係を変えようとする態度である。後者が途上国の民衆教育の礎となると同時に、米国の「批判的教育学」の源流となり、またカミンズ教授のエンパワーメント理論の原点ともなったといわれる。

明していきます。

第 1 部　主な研究の成果

　第 1 部では、これまでの実証的研究を通して明らかになっていることについて見てみましょう。ここでは、教師ならばだれでも知っておくべき 3 つの研究成果についてお話しします。この 3 つはどれも授業のあり方に大きな影響を与えるものです。

　まず第 1 に、会話力（Conversational Fluency）と［教科を学ぶのに必要な］教科学習言語能力（Academic Language Proficiency、ALP）との違いです。かつて会話力は〈対人関係における基礎的コミュニケーション能力〉（Basic Interpersonal Communicative Skills、BICS）、教科学習言語能力は〈認知・教科学習言語能力〉（Cognitive Academic Language Proficiency、CALP）と呼んでいたこともあります[5]。指導の際に何に重点を置くかを考える上で、これら 2 つの言語能力の側面の違いが重要です。またそれぞれの側面によって異なる年齢相応の言語能力に、生徒たちが追いつくのにどれくらいの時間がかかるかという点においても重要です。

　第 2 は、言語マイノリティの言語習得では、それぞれの側面によって発達過程が異なるという点です。この発達過程上の違いは、教室での指導や学校ベースの言語政策に重要な意味を持ちます。具体的には、生徒が教科学習面で［現地語の母語話者の］同級生に追いつくためには、日常的な会話の面で追いつくよりもはるかに時間がかかるということです。生徒が日常の社会的な状況でそれなりに会話ができ、自分にいわれたことを理解していると教師が判断し、それを根拠に「この生徒は必要な○○語能力がある」と判断してしまうと、教科学習言語能力のような複雑な言語の側面を

---

[5] バイリンガルが育つメカニズムとしてカミンズは 4 原則を提唱しており、その 1 つが会話力と教科学習言語能力で習得時間が大きく異なることである。その他 3 つの原則は、「相乗効果を生む加算的バイリンガリズム」（The additive bilingualism enrichment principle）、「2 言語相互依存の原則」（The linguistic interdependence principle）、「対人関係活動充足の原則」（The sufficient communicative interaction principle）である。

生徒が獲得する努力を続け、同級生に追いつくために必要なサポートが得られなくなるおそれがあるのです。

　第3は、生徒の家庭言語（母語、継承語、第1言語を含む）です。家庭言語は、教育問題を解決する上で大事な役割をするものの1つであって、家庭言語自体が「解決すべき問題」[6]の一部ではありません。しかし歴史的に見ると、残念なことに世界各地の多くの国で、生徒の母語が問題の一部と見なされてきました。学校で母語を話すことが禁止されたり、なかには母語を話しただけで罰則を科されたりする生徒もいました。歴史的に見ても世界の多くの学校で、自らの文化と言語は恥ずべきものと生徒に感じさせるような傾向がありました。このようなことをすれば、児童生徒を学習面の努力から身を引かせてしまうようなもので、それは教育の本質的な目的とは真逆のものです。

　では、次にこれらの3つの問題に関連する研究成果を見てみましょう。

1.1　言語能力の性質——会話の流暢度

　まず第一に、会話の流暢度です。ここで問題にしているのは、普段の、身近な状況で、話し相手の顔を見ながら対話を続ける能力のことです。どの言語においても、ネイティブスピーカーの大多数の幼児が学校に4、5歳で入学するまでに、身につける言語能力のことです。アメリカの言語学者ノーム・チョムスキー（Naom Chomsky）[7]が「コンピテンス（能力）」と呼ぶ、言語能力を身につけて入学してきますが、これは言語能力のごく一部

---

[6] 「解決すべき問題」は、Ruiz（1984）の論文で示した言語計画における3つの指向性の1つの引用である。その他の2つの立場とは、Language-as-right（権利としての言語）、Language-as-resource（資源としての言語）である。詳しくは、Ruiz, R. (1984). *Orientations in language planning*を参照のこと。

[7] ノーム・チョムスキー（Naom Chomsky、1928～）は米国の言語学者・哲学者（政治批判を含む）。スイスのソシュール、米国のブルームフィールドによる言語形態を観察・記述する構造主義的アプローチが優勢であった時代に、言語を作り出す人間の能力に着目、生成文法、普遍文法（generative grammar）を提唱、言語学その他に多大の影響を与えた。適切な言語形式を産出する能力（linguistic competence：言語能力）と、実際に産出された言語形式（linguistic performance：言語運用）とを区別し、前者を研究の対象とした。*Aspects of the Theory of Syntax.* (1965) など著書多数。

でしかありません。学校教育では、子どもが小学校に上がってから、その時点で身につけている使用頻度の高い語彙と簡単な文法構造による言語能力を、さらに伸ばすことに重点を置きます。語彙を増やし、より高度な文法構造の使い方を教えます。読み方も教えます。書き方も教えます。そして、言語を使って複雑なことができるようになることを期待するのです。例えば理科のレポートを書いたり、状況に応じてさまざまなジャンルを使い分けて文章を書いたりすることです。こうした学びができるようになるまでには時間がかかります。

このようなことから教科学習言語能力の本質が明らかになり、4、5歳の幼児期までに習得される学校外の日常的な文脈で使われる会話力と、どのように異なるか明らかでしょう。これまでの第2言語習得の研究では、会話の流暢度に関しては、同級生に追いつき、**日常的な文脈で比較的流暢に学校言語が話せるようになるのに通常1年から2年かかる**ということです。

1.2　言語能力の性質——教科学習言語／アカデミック言語 (1)

しかしながら、[教科の]学習面で同級生に追いつくには、ずっと長い時間が必要です。その理由を探るには、次の2つのことに注目する必要があります。1つはアカデミック言語（Academic Language）[8]の性質、もう1つは学校がすべての生徒に対して何をしようとしているかということです。まず後者について説明します。

日本の学校に通う日本人の生徒を対象に、生徒の日本語の知識、日本語の読み書きの知識がどのように進歩しているかを見てみると、毎年、生徒たちの語彙が増え、読む力が伸び、書く力が強まり、さまざまな高度な言語操作をするための意識を高めていることがよく分かります。つまり年ごとに生徒たちは進歩しているのです。ということは、移民背景の生徒や第

8　カミンズはAcademic LanguageとAcademic Language Proficiencyは、本質的にはどちらも同じ概念を指すという。違いは、Academic Languageは言語の特徴（語彙、文法、談話慣例など）を指すのに対し、Academic Language Proficiencyは学校言語のこれらの特徴を理解し、それを使用して学業のタスクやアクティビティを遂行する個人の能力を指すという。

レクチャーⅡ　マルチリンガル環境で育つ子どもの教育のあり方について再考する

2言語として学校言語を学ぶ生徒たちは、動く的に向かって、的に追いつくためにより速く走らなければならないということです。ネイティブスピーカーは第2言語学習者が追いつくのを、じっと待っていてくれるはずがありません。こうした状況で、**生徒がギャップを埋めるまでに通常5年から7年かかるのは特に驚くべきことではありません**。また言語マイノリティの生徒たちが、結果として追いつけないまま放置されることも少なくないのです。

　会話力に比べて、教科学習面で遅れを取り戻すのに時間がかかる2つ目の理由は、教科学習言語がすべての生徒にとってその習得が難しいものだからです。教科学習言語というのは低頻度の語彙、つまりあまり頻繁には用いられない語彙の知識や、より複雑な言語を解釈し、産出する能力のことです。英語では受動態や、動詞や形容詞から抽象的な名詞を作る名詞化などの構造があります。例えば、acceleration/加速という単語がありますが、このような語彙を使うと、抽象的な概念について話すことができます。理科や数学では、こうした用語がたくさん使われます。しかし、日常会話では、このような語彙や構造を使うことはほとんどありません。それに日本語のような言語では、教科学習言語の習得は英語と比べてさらに複雑です。なぜなら日本語の表記法が複雑で、学年が上がるにつれて学ばなければならない漢字の語彙が増え、その習得には時間がかかるからです。

　したがって指導にあたっては、アカデミック言語にどういうところで触れることができるかについて認識することが重要です。基本的には、教室のなかや学校のなか、そして印刷物のなかに見つけることができます。アカデミック言語は、教科書にも小説にもそして児童書にもあるのです。子ども向けの絵本、つまり読み方を学び始めた小学校1、2年生が自分で読んだり、親が子どもに読み聞かせしたりするような種類のものです。これまでの研究によると、絵本であっても、大人同士の会話や大人が子どもに話しかける時よりも、はるかに高度な語彙、珍しい語彙が多く使われています。ですからアカデミック言語は、基本的には本や印刷された文書のなかにあるので、児童生徒にはできるだけ早く読み書きを教え、自分から本を読むように動機づけることが重要です。なぜなら、子どもたちが学習面

で成功するために必要となるアカデミック言語がそこにあるからです。つまり、言語マイノリティの児童生徒が教科学習言語でネイティブスピーカーに追いつくためには、**多読の習慣**をつけることが極めて重要となります。

では、教科学習言語とはどのようなものか見てみましょう。資料 レクチャーⅡスライド7（p.191）は、米国の社会科の教科書から抜粋した単語の一部です。これは小学校5年生、つまり10歳から11歳の子ども向けの社会科の教科書で、アメリカの独立戦争をテーマにしたものです。表の単語のなかには普段あまり見かけないものがあります。11歳の子どもたちは、このレベルの単語の読みや意味、使い方を学ぶことが求められているのです。petition（請願）、amend（法律等を改正する）、dynasty（王朝）、skirmish（小競り合い）、tyrants（暴君）などの単語がありますね。日常会話ではほとんど使われない単語ですが、教科書の語彙としては典型的なものであり、学年が上がるにつれてどんどん複雑になっていきます。

1.3　言語能力の性質——教科学習言語／アカデミック言語（2）

2つ目のポイントに移りましょう。会話力と比較して、生徒が教科学習面で学年レベルに追いつくのにどのぐらいの時間がかかるのでしょうか。グラフ1は、私が70年代後半から80年代前半にかけてトロント教育委員会で行った調査のデータを再分析した結果の一部です。1981年に発表したもので、カナダ以外の国で生まれた移民の子どもで、英語を追加言語として学習している1200人以上の生徒の学業成績と語彙力を分析したものです[9]。このグラフは絵を使った語彙テスト（Peabody Picture Vocabulary Test、PPVT）[10]の結果で、**LORは滞在年数**（Length of Residence）で生徒が

9　1981年にカミンズ教授がオックスフォード大学のApplied Linguisticsに発表した論文：Cummins, J. (1981b). Age on Arrival and Immigrant Second Language Learning in Canada: A Reassessment. *Applied Linguistics*, Vol. 11, No.2, 132-149.
10　ピーボディ絵画語彙テスト（Peabody Picture Vocabulary Test、PVTT）は、標準アメリカ英語の単語に基づいた理解語彙を測定するテストで、2歳6ヵ月から90歳以上の個人に使用することができる。所要時間は10〜15分、口頭で行われ、受験者の読む力は必要なし。テスターはあらかじめ決められたリストから語彙を読み上げ、受験者は1枚のカードに表示

レクチャーⅡ　マルチリンガル環境で育つ子どもの教育のあり方について再考する

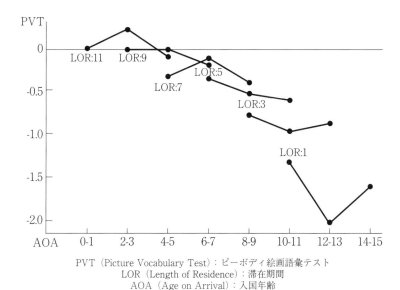

グラフ1　教科学習言語が年齢相当のレベルに追いつくまでにかかる年数の軌跡：
5年から7年が典型的

(Cummins, 1981b)

資料 レクチャーⅡスライド8（p.191）

カナダに来てからの年数、AOAは**入国年齢**（Age on Arrival）の略です。グラフ1の横軸は生徒のカナダに来た**年齢**を表しています。縦軸は基本的に標準偏差の単位で、平均を100、標準偏差を15とした場合、−1.0は15点分低いということになります。1年後のLOR:1には3つのデータポイントがありますが、英語の語彙の知識に関していうと、これらの生徒は学年の期待値から平均して1.5標準偏差を下回っていることが分かります。これは標準得点でいうと22.5点に相当します。カナダに来て3年目の生徒は、学年の標準点より約15点低いということです。

学年標準に近づくのは滞在年数が5年から7年の間で、ようやく学年の期待値から標準偏差の半分以内に収まるようになります。これは、前にお

される4つの番号付き画像（イメージ）の1つを指差すか、番号をいうことで、その答えとなる。

話ししたように、彼らが動く的に追いつかなければならないからです。マジョリティ言語を話す同級生は、立ち止まって待っていてはくれません。教科学習言語の獲得はすべての生徒にとって難しいことですから、会話力よりも教科学習言語能力の発達という点で追いつくのに時間がかかるのは当然のことです。ただここに危険性もあります。生徒たちが、日本語なり英語なり社会の優勢言語においてある程度話せるようになると、教師たちは往々にして、「**この子はもうことばは大丈夫、これ以上の言語のサポートは必要ない**」と思い込んでしまいます。実際には、教科学習で必要となる複雑な言語が理解できるようになるために、さらなる言語上のサポートが必要なことが多いのです。これは必ずしも専門の教師ではなく、クラスの担任教師によるサポートでもよいのですが、何らかの支援が必要なのです。中学や高校レベルのクラス担任や教科担任がこうした言語サポートの必要性を認識していないと、母語話者生徒と同じレベルの授業を理解することができない生徒は、後れを取ることになります。

1.4 共有基底能力（CUP）説──言語間のダイナミックな相互依存

　さて次は、主な研究の3つ目の成果ですが、バイリンガリズム、マルチリンガリズム、そして2つの言語の関係についてお話しします。この点については、レクチャーⅠで「（二重）氷山モデル」（資料 レクチャーⅠスライド11［p.179］）と「カヒカテアの木」の喩え（資料 レクチャーⅠスライド12［p.179］）を使って説明しました。人とやり取りをしている時にはどちらの言語を使って話しているかは、もちろん分かります。［表層面では］2つの言語は違いますし、英語と日本語は明らかに違います。ところがより深いレベル、概念のレベル、学力のレベルの「深層面」では、2つの言語の間に多くの重複や相互依存関係があるということをこの「氷山モデル」は強調しています。例えばブラジルから日本に来た子どもが、それまでポルトガル語による教育を受けていたとします。その子どもが小学校6年生で現在12歳だとしましょう。理科の授業ですでに「光合成」について学んだことがあるとします。その場合、その子が日本で「光合成」の概念をもう一度学び直す必要はありません。概念はすでに分かっているのです。必要

なのはその概念を日本語でどのように表現し、その概念の説明をどのように理解するかということなのです。レクチャーⅠ（pp.29-30）のなかの「共有基底能力」とはそういうことで、言語と言語の間の共通性、重複、相互依存のことを意味します。つまり**水面下の深層面では、複数の言語がダイナミックに相互に作用し合っている**のです。

またニュージーランドのソフィ・タマティさん（Sophie Tamati）のニュージーランド原産の樹木林「カヒカテアの木」の喩え（p.31）も同じです。非常に有用な喩えだと思いますが、この木は湿地帯で育つ木で、木の根の部分が互いに絡み合い強力なネットワークを作ります。土壌に含まれる水分のせいでそれぞれの根はあまり深くは張れませんが、互いに絡み合い、そのネットワークのおかげで強度を保つのです。ソフィ・タマティさんはこの喩えを使って、私たちの脳のなかで多言語がどのように作用し合うかを示そうとしたのです。私たちは地上の木を見分けるように、異なる言語を見分けることができますが、より深いレベルでは多言語には多くの重複、相互依存、交差、相互接続などがあります。これこそがこれまでの研究結果が示唆しているものであり、バイリンガリズム、マルチリンガリズムとはそういうものだということです。これが教室という現場でどのように機能するのかというと、**児童生徒たちが第1言語で得た知識を教室に持ち込み、それを第2言語の学習に生かすということです。**

1.5 児童生徒のマルチリンガル能力を引き出す——2言語の本の事例

レクチャーⅠでお話ししたように、私が長い間携わってきたプロジェクトの1つに、カナダの教師たちとの取り組みがあります。これは、バンクーバーとトロント地区で行われたプロジェクト（Mutliliteracies Project）です[11]。児童生徒がすでに持っている言語能力をさらに高めることに関心

11　Multiliteracies Projectは、カナダ連邦政府のグラントを得て行った研究をもとに発展したもの。教師が移民背景の子どもの経験や創造力を生かして、家庭言語と現地語の両方を使用した作品を子どもたちが作ることによって、アイデンティティや学習に対する前向きの姿勢、多様性を肯定する態度を育てようとする取り組みである。カミンズ教授とブリティッシュコロンビア大学のアーリー教授を中心に、カナダ全体を巻き込んだプロジェクトで、その集大

> ### 児童生徒のマルチリンガル能力を引き出す
> #### 二言語の本（Dual Language Book)の事例
>
> - 来たばかりでなにも分からない時は赤ん坊みたいだから、自分の言葉を使うのはとても役に立つと思う。英語は分からなくて、全部最初から学ばなくちゃいけないけど、でももし別の言葉で知っていたら、それはもっと簡単で、翻訳できるし、自分の言葉でもできるし、第二言語を理解するのももっと簡単になる。
> - ヘブライ語っていう単語以外、先生（Lisa）が何を言っているか、最初は全然分からなかった。でも、自分の言葉でやってもいいよ、と言ってくれたのはすごくよかったと思う。だって、手を動かさずにただ座っているわけにはいかないから。
>
> （Leoni ほか, 2011: 55-56）

資料 レクチャーⅡスライド11（p.193）より作成

のある教師たちと一緒に協働で行ったものです。この現場は非常に多様な背景の子どもたちがいる学校で、教師たちは言語マイノリティの児童生徒たちに家庭言語で何か書くことを奨励し、家庭言語から英語に移行していくために、さまざまなサポートを利用して次のような活動を行いました。生徒たちがそれぞれ2ヵ国語で本を作成し、それを学校のウェブページに載せたり、印刷物にして保護者や他の生徒に配ったり、インターネット上で他の学校と共有したりしたのです。

　その例が、レクチャーⅠのトマーの「トム、ケンタッキーへ行く」の話です（資料 レクチャーⅠスライド18[p.182]と資料 レクチャーⅡスライド11[p.193]の一部）。トマー君がいっていることは、まさにバイリンガルの「二重氷山モデル」が伝えようとしていること、あるいは「カヒカテアの木の喩え」が伝えようとしていることです。適切な［教師の］サポートもあり、言語と言語の間で転移が起きているのです。なぜなら、最初は明らかに、ヘブライ語という単語以外、リサ先生がいっていることは何も理解できなかったのです。そういう段階で、リサ先生がまずは「自分の言語を

成が *Identity Texts*（Cummins & Early, 2011）である。

使いなさい」といったことは賢い判断だったと思います。この事例にどのような指導方針が反映されているかというと、次の5点です。

1 児童生徒のマルチリンガルなレパートリーを生かした足場かけ（scaffold）を含む指導であること
2 児童生徒の実生活に結びついていること
3 児童生徒のアイデンティティを肯定すること
4 学習言語を強化すること
5 リテラシーとの関わり度を広げ、深めること

もう1つ例を挙げます。それはトロントでリサ・レオニ（Lisa Leoni）先生が教えているトロント地区の学校のESLクラスの事例です。私とマーガレット・アーリー（Margaret Early）が編集した『アイデンティティ・テキスト』（2011）のなかでリサ・レオニ先生たちが取り上げた例です。レオニ先生は、生徒たちが自分の母語で自由に作文を書くこと（Creative Writing）やその他の課題をこなし、母語を英語の踏み台として使うことを常に奨励していたのです。

以下の例はクラスで、パキスタン出身でウルドゥー語を母語とする生徒たちが授業で母語を使うことについて話し合い、それについて書いてくれたものです。AminahとHiraは英語を学んで2年目だと思いますが、1年目に母語（L1）でたくさんの作品を書いています。Aminahは、こういっています。

「授業で母語を使うことが許されると、英語で文章を読んだり書いたりするのに役に立ちます。英語からウルドゥー語に訳すと、ウルドゥー語の助けで英語が分かるからです。また、ウルドゥー語を使うと、自分が英語でいいたいことが分かるので、英語でよく考えられるし、たくさん英語で書くことができます。」（Aminah）

ここで彼女が表現しているのは、言語を超えたダイナミックな相互作用

であり、ことばの意味を理解するために2言語の間を行ったり来たりしているということです。そして、英語で書こうとしていることばを探している時、彼女はウルドゥー語を使って、英語で書こうとしていることに相当することばがあるかどうかを確認するのです。

　Hiraも似たようなことをいっています。

> 「ウルドゥー語を授業で使ってもいいといわれると助かります。ウルドゥー語で書くと、ウルドゥー語の単語を見た時に英語が頭に浮かんでくるので、とても助かります。英語で書くと、ウルドゥー語が頭のなかに入ってきます。英語を読むと、頭のなかにウルドゥー語が出てきます。ウルドゥー語で読む時は、しっかり理解ができるのでとても安心します。」（Hira） 　　　　　　　（Leoniほか, 2011, pp.55-56）

　つまり、この生徒たちがはっきりと表現しているのは、母語が学校言語の知識を構築するための基盤になっているということなのです。ですから、生徒が授業中に母語を使うことに反対する教師がいたとしたら、それは問題です。生徒が母語を使うことを禁止するのは、母語を学校の玄関で捨てて校舎に入れといっているようなものです。「ここからは英語のゾーンです。ここでは英語を話してください、他の言語を使ってはいけません」ということで、私たちは生徒が学業で成果を上げ、学校で用いられる言語を習得する上でもっとも強力なツール、家庭言語というツールをむざむざと捨ててしまっているのです。

1.6　結論

　では、こうした実証的研究から私たちはどのような知見を得ることができるのでしょうか。まず第1に、学校での学習を成功させるための言語習得で直面する課題は、日常の社会的交流のための言語習得において直面する課題とはかなり異なります。話しことばが流暢に話せるようになることの難しさを軽視するつもりはありませんが、ネイティブの日本人生徒と交流したり、日本のテレビを見たりして日本語で指導を受けている移民背景

の児童生徒は、通常、1年か2年でそれなりの流暢度を身につけることができます。もちろん日本語に触れる機会が少なければ、もっと時間がかかることもありますが。

　第2は、マイノリティの児童生徒が教科学習面で追いつくまでに必要な時間が5年から7年とされ、日常の人と人の交流でうまく機能するために必要な時間よりもはるかに長い時間がかかることです。リテラシーの力、科学の知識、理科のレポートを書く力、社会科の教科書を読む力、こうした力において児童生徒が学年相応のレベルに達し、ネイティブスピーカーの同級生に追いつくのには、ずっと長い時間が必要だと考えられます。

　第3に、**教科学習言語は、主に学校、そして印刷物のなかでしか使われません。**このため、すべての教師がカリキュラム全体を通してこうした学習言語の強化をすべきであり、学校全体で多言語環境で育つ児童生徒のリテラシーとの関わりを支援するために、積極的な学校方針を持つべきだということです。これについてはこの後で詳しく述べます。

　第4は、マルチリンガル環境で育つ児童生徒にとって**家庭言語は、学校の主要言語で知識やスキルを身につけるための概念的な土台となる**ということです。言語を超えて双方向の転移を促進する学校方針や教室指導のあり方は、児童生徒の成長に強力なプラスの影響を与えることができます。この点を明らかにしているのが先日出版されたばかりの真嶋潤子・櫻井千穂先生たちの研究です[12]。

第2部　マルチリンガル学習者が経験する機会の格差に対応するため、エビデンスに基づいた指導を特定する総合的な枠組み

　さて第2部ですが、これまで見てきた実証的研究に基づく知見をどう

12　真嶋グループの研究については、3つの講演で必ず触れている。資料 レクチャーⅠ スライド 23、24（p.185）、資料 レクチャーⅢ スライド 39、40（p.225）。Majima & Sakurai（2021）は英語の論文である。真嶋（編著）（2019）は日本語の単行本で、Majima, et al.（2022）は英語の単行本である。詳しくは参考文献を参照のこと。

やってまとめたらいいでしょうか。特に学校現場ではこれらの問題について話し合うために、どのような枠組みを使えばよいのでしょうか。

実は、学業不振の生徒の割合が不自然に高いグループが3つあります。これらのグループは重なり合う部分もありますが、概念的にははっきり区別されるグループです。ここでは失語症や読字障害など、個人的に特別支援教育を必要とする児童生徒のことは対象外としておきましょう。個人の認知構造によるものではなく、集団としてのこれまでの経緯や背景によって「教育の機会格差」を経験するグループやそのカテゴリーについて考えてみたいと思います。

まず、第1のカテゴリー（a）は、学校の授業言語／学校言語を第2言語として学んでいる**移民児童生徒（日本では外国人児童生徒）**です。第2のカテゴリー（b）は、**社会的に不利な立場に置かれている児童生徒**で、それが移民背景の子どもだったり、外国人児童生徒であったりします。そして第3のカテゴリー（c）は、人種差別のため、多くの場合数世代にわたって教育の機会が剥奪されるなど、さまざまな形で**社会的に疎外されてきたグループに属する児童生徒**です。

以上の（a）（b）（c）のようなコミュニティは世界のどの国にも存在し、歴史的に見ても社会から周縁化されてきたコミュニティ、地位の低い職業に就いているコミュニティ、学業成績がよくないコミュニティが存在してきました。これらの環境では、学業不振の原因となるさまざまな**因果関係や機会の格差**と呼ばれるものが存在します。しかし一方で、勇気づけられることもあります。それは、これらの要因のうちいくつかの要因に関しては、［前述したように］**学校という場**が部分的であれ、効果的な対応ができることを示す多くの研究が存在することです。以上をまとめると、**機会の格差の可能性に対する指導上の対応**は表1のようになります。

表1で分かることは、**もっとも顕著な成績不振に陥る児童生徒**は、少なくとも1つ、時には3つの機会格差の特徴を持っていることです。そういう子どもたちは、まず（a）家庭と学校における言語の切り替えが必要となり、（b）社会経済的な地位が低く、不利な社会的な背景を持ち、そして、（c）何世代にもわたって差別・排斥・周縁化されてきたコミュニティ

表1　機会の格差の可能性に対する指導上の対応

児童生徒の背景	(a) 多様な言語背景	(b) 社会的に不利な状況	(c) 差別・排斥・周縁化されているコミュニティ出身
不利な状況の原因となる要因	・家庭言語と学校言語の違いによって授業が理解できない。	・不十分な健康管理や栄養不足。 ・住まいの分離 ・貧困による家庭内の文化的資源、物質的資源の不足 ・印刷物や活字へのアクセスが学校と家庭において乏しい。	・社会の差別 ・教師からの期待値が低い ・ステレオタイプ、偏見による脅威 ・L1やL2に対する非難 ・アイデンティティに対する価値の否定
エビデンスに基づいた指導上の対応	・カリキュラム全体において、足場がけを通して言語の理解や産出のサポートをする。 ・児童生徒のマルチリンガルレパートリーを活用する。 ・教科学習言語をカリキュラム全体で強化する。	・活字へのアクセスとリテラシーへの取り組みを最大限にする。 ・教科学習言語をカリキュラム全体で強化する。	・指導内容を児童生徒の実生活に結びつける。 ・言語的・文化的に持続可能な教授法を使いカリキュラムと指導を脱植民地化する。 ・L1/L2言語の価値を吊り上げ、活かすようにする。 ・学習の取り組みに関連して、児童生徒のアイデンティティを肯定する。

資料 レクチャーⅡスライド15（p.195）より作成

の出身です。学校は、これらの3つの機会格差すべてに対応しなければならないのです。

　ここで、私がいいたいのは、教師にとっての問題は、移民背景の児童生徒に学校言語を教えることだけでは不十分だということです。なぜなら、移民の背景を持つ生徒、あるいは外国にルーツを持つ生徒の多くは、社会的に不利な状況に置かれており、排斥され、嫌われ、疑われ、社会の多数派に歓迎されないコミュニティの出身者である場合が多いからです。ヨーロッパ、北米、日本など世界の多くの国々で移民の背景を持つコミュニティは差別されることが多く、社会の構造的な排斥に苦しんでいます。このため、これら3つのカテゴリーすべてに当てはまる生徒が、もっとも深刻な学業不振に苦しむ、というのは驚くべきことではありません。これらの生徒には、それぞれ実証的証拠に基づいた指導上の対応が必要です。も

ちろん3つのカテゴリーすべての生徒に関連しているため、学校はこれらの3つの社会の格差に対応すべきですが、なかにはよりピンポイントで、特定の成績不振の原因に特化した対応が必要な場合もあります。

2.1 多様な言語背景を持つ児童生徒

では、まずカテゴリー（a）の**言語的に多様な背景を持つ児童生徒**を見てみましょう。多様な言語背景を持つということは、潜在的に不利益の原因となる可能性があるということですが、それは、**家庭言語と学校言語が異なるために学校の授業が理解できない**ということです。こうした児童生徒たちは日本語が話せるようになる前に日本の学校に入るのです。カナダの文脈でいえば、英語が話せるようになる前にカナダの学校に来るのです。しかし、学校は生徒が指導言語を習得するための手助けをほとんどしません。'sink or swim'、つまり「泳がなければ溺れてしまう」というタイプのプログラム、つまりサブマージョンと呼ばれるタイプのプログラムでは、生徒たちは追いつくことは不可能で、かなり高い確率で学業不振に陥ります。

これまでの研究結果によると、私たちがすべきことは、**まずカリキュラム全体で言語の理解と産出をサポートすること**です。スキャフォールディング、足場かけという喩えはまさに、生徒の言語の理解と産出の支援を指しています。第2言語としての日本語のクラスとか、第2言語としての英語のクラスとかではなく、**カリキュラム全体で生徒のアカデミック言語／教科学習言語の知識を強化する**必要があると同時に、**児童生徒のマルチリンガルなレパートリーを活用する**必要があります。そしてこれらは学校のすべての教師が取り組むべき仕事で、学校全体の挑戦であり、また学校全体にとっての可能性を広げるチャンスでもあるのです。

2.2 言語の足場かけ（Scaffold Language）

そしてさらに私たちがすべきことは、**生徒の多言語レパートリーを活用する**ということです。ここで言語の足場かけについて見てみましょう。足場かけとは、学習者がタスクを遂行する際に、サポートがない場合よりも、

より高いレベルの学習ができるような指導上のサポートを提供することです。資料 レクチャーⅡスライド 17（p.196）の足場かけの写真は、実際に私が住んでいる家のすぐ近くにあったものですが、このような建設中または修理中の家に足場がありますね。足場を組むことで作業員がより高い場所に移動ができ、足場なしでは届かない場所にも手を伸ばすことができるという意味です。このように、足場かけ、スキャフォールディングの喩えは、サポートなしでは理解できない内容を生徒が理解し、サポートなしでは不可能であった発話を生徒から引き出す支援をする**一連の指導ストラテジー**を意味するものです。例えば、以下のようなさまざまな指導ストラテジーがあります。

- グラフィックオーガナイザー [13]
- 視覚教材を取り入れたテキスト
- デモンストレーション（例やお手本を見せること）
- 実体験
- 協働作業やグループワーク
- 母語（第1言語）から第2言語へ知識やスキルを転移する方法として、母語の使用を奨励する（例：作文指導など）
- 学習ストラテジー（タスクのプランをする、図形化する、ノートを取る・まとめる・確認の質問をする）
- 言語の理解を促す（説明、辞書の使用等）

　以上の詳しい説明は省略しますが、**スキャフォールディングは、日本語の補強クラス（JSL）や英語の補強クラス（ESL）だけでなく、カリキュラム全体で行う必要がある**ことを強調しておきたいと思います。
　カリキュラム全体で言語を強化するとは、私たちが理科を教える時、算数や数学を教える時、また社会科を教える時、単にその教科の内容を教えるだけでなく、理科用語・数学用語・社会科用語など**アカデミック言語**を

13　レクチャーⅠの注8（p.32）を参照。

表2　カリキュラム全体でアカデミック言語を強化

指導内容の目標と言語上の目標のテンプレート

科目　_____

トピック　_____

指導内容の目標

_____

_____

言語上の目標

_____

_____

学習者の活動

_____

_____

資料 レクチャーⅡスライド18（p.196）より作成

教えるということです。**意識的かつ明示的に、内容に加えて言語にも焦点を当て、さらにこの2つを結びつけることで、より効果的な授業を行うこと**ができるのです。

　このためにできる簡単な工夫があります。それは、授業計画を立てる時に、個人で計画する場合でも何人かのグループで計画する場合でも構いませんが、その計画のなかに、表2のように**教科内容の学習目標**に加えて**言語上の学習目標**も明確にすることです。さらに、そうした学習目標に到達するためには、生徒たちがどのような活動をするべきかという点も示すのです。以下はその一例です。

　例えば、光合成の概念を教える場合、光合成についてどのような内容を生徒に理解させたいかをまず決めますが、同時に言語のための学習目標も明確にする必要があります。例えば、「この単語（photosynthesis）の接頭辞であるphoto（光）に生徒の注意を向ける」ということにして、この接頭辞から何が分かるか、この接頭辞について知っていることから光合成とは何かについて、生徒に小グループでブレインストーミングをしてもらう

ことなどができるでしょう。これは、photoという接頭辞が、photography（写真撮影）やphotograph（写真）といった、生徒がよく知っていることばに含まれているからです。生徒のなかには、「さて、写真について何を知っているだろうか」と考える生徒もいるでしょう。「光が関係している……レンズを通過した光をもとに画像を撮影するのだから、photosynthesisは光と関係があるのかもしれない」と考える生徒もいるでしょう。まさしくその通りです。このように言語についての学習目標を指導のなかに取り入れることができるのです。

　言語を強化する活動のもう1つの例として、第2言語としての英語（ESL）の学級活動を見てみましょう。この例は、レクチャー1で触れた10歳の小学校4年生の教室の例です（資料 レクチャーⅠスライド16［p.180］）。ロビン・パサッド（Robin Passad）という非常に優秀な教師がいて、クラスにはさまざまな言語背景を持つ生徒がいたので、児童生徒たちに自分の家庭言語と英語を比較させたのです。このクラスには4、5人のセルビア人の生徒がいましたが、先生はこの生徒たちを1つのグループにまとめました。このグループは、セルビア語と英語の類似点と相違点について調べたのです。家に帰って親たちに聞いたり、インターネットを使ってその違いについて調べ（資料 レクチャーⅠスライド19［p.183］）、自分たちの間でブレインストーミングをしたのだろうと思います。

　これはアラビア語圏の生徒が英語とアラビア語の類似点と相違点を考えた例です。まず一番分かりやすい相違点は、英語は左から右に向かって書き、アラビア語は右から左に向かって書くことです。さらに、アラビア語で使われる敬語表現についても触れています。私たちは、両親や祖父母、その他の大人たちに失礼にならないようにどのように敬意を示すか、それを言語的にどう示すかに注意を払う必要があります。英語ではそのような敬語表現は基本的にないか、あってもごくわずかです。このような言語間の相違に対する気づきを促進する取り組みは、非常に意義深いものです。こうした活動を通じて生徒たちは学習している目標言語（ここでは英語）の仕組みについて理解を深めるばかりでなく、自分たちの家庭言語・母語についての理解を深めることにもつながるからです。同時に、学校が児童

生徒の家庭言語を大切にしていること、教室でも歓迎されていることを児童生徒に伝えることができます。児童生徒たちは自分自身の母語について知っていることを活用して、英語の知識を広げることができるのです。

2.3 社会的に不利な環境にいる児童生徒

それでは、表1のカテゴリー（a）**多様な言語背景を持つ児童生徒**から、カテゴリー（b）**社会的に不利な環境にいる児童生徒**へ目を移してみましょう。世界中の多くの研究から、貧困層の生徒や社会経済的に恵まれない環境にある児童生徒は、裕福な家庭や親が高学歴の家庭の児童生徒に比べて、学校での成績が著しく劣る傾向があることが分かっています。パリに本拠を置くOECD（経済協力開発機構）の主要部門である経済シンクタンクは、過去20年ほどの間、PISA調査と呼ばれる研究を行ってきました。PISAとは国際学力調査のことで、今では世界70ヵ国以上でさまざまな分野のテストを実施しています。この調査の結果は一貫して、社会経済的地位の低い環境で育つ児童生徒は、社会経済的地位の高い環境で育つ児童生徒よりも、学力のレベルがかなり低いということを示しています。これは個々の児童生徒の社会経済的地位だけでなく、特定の学校内の児童生徒の社会経済的地位の集合体にもいえることです。貧しい背景を持つ児童生徒、社会経済的に恵まれない背景を持つ児童生徒が特定の学校に集中している場合、社会経済的地位の悪影響は増幅されます。低い社会経済的背景を持つ児童生徒が、より裕福な児童生徒や恵まれた環境にいる児童生徒と一緒の学校に行けば、同じ児童生徒が社会的に著しく不利な環境にいる児童生徒と一緒の学校に行った場合よりも、はるかによい結果が得られるようです。

経済格差が生まれる背景にはさまざまな要因があります。環境によって異なる複数の要因、例えば、住居や学校における差別、過密な住宅、国によっては栄養や医療問題、水道水の鉛の危険性の問題などがあります。低所得層のコミュニティ、とりわけアフリカ系アメリカ人の児童生徒の集住地域における鉛溶出の問題は、近年アメリカで大きく取り上げられています。この点で、学校ができることの1つは**リテラシーに焦点を当てること**

です。生活保護世帯の住宅の過密化については、少なくとも直接的にはどうしようもありません。しかし、社会的に恵まれない環境にいる児童生徒は、家で本を読む機会が少なく、近くによい図書館がない場合が多いことも分かっています。またアメリカでは、社会的に恵まれない環境にいる児童生徒が通う学校では、豊かな蔵書を持つ図書館や学校の図書室もなく、生徒が積極的にリテラシーに関わることに重点が置かれていないことも明らかにされています。つまり、本や印刷物へのアクセスが貧しいのです。こうした問題に対して私たちは多くのことができるし、またそうすべきだと思います。というのは、**「リテラシーとの関わり度」**[14]**を高めることこそが、児童生徒の学業成績の向上を促進する強力な指導ストラテジーであることが、膨大な研究成果によって明らかにされている**からです。

　ということから、エビデンスつまり実証的研究成果に基づいた指導方法として、社会経済的地位の低い児童生徒を、本へのアクセスが豊富な幼稚園や小学校などに通わせて、継続的にリテラシーとの関わり度を促進できるような環境に置くことが大切です。また**英語を学校言語として学ぶ(移民背景の)子どもたちと同じように、カリキュラム全体で教科学習言語を強化することが当然必要**となります。

2.4 「リテラシーとの関わり度」とは？

　アメリカでは、ジョン・ガスリー (John Guthrie)[15] という認知心理学者が、**リテラシーとの関わり度**について多くの研究を行っています。ガスリーは、車の運転をすること、手術をすること [原文のまま]、ゴルフをすること、グルメ・クッキングなど、人生のあらゆる場面で、**実際にやってみること (participation) が熟練度を高める鍵**であることを指摘しています。

---

14 「リテラシーとの関わり度」に関する詳しい説明については、ジム・カミンズ・中島和子 (2011/2021)『言語マイノリティを支える教育』【新装版】(明石書店) pp. 103-109 を参照のこと。

15 Guthrie, J. T. (2004). Teaching for literacy engagement. *Journal of Literacy Research* 36 (1), 1-30.

「もちろん車の運転にしても、キーボードを打つにしても、ある程度初めにレッスンを受けることは役に立たないわけではないが、スキル自体は実体験を通して高まるものである。」(2004, p.8)

　読み書きの力もこれとまったく同じで、実際にやってみること、参加することで伸びるものだとガスリーは主張しています。もちろん、児童生徒にはその言語のデコーディング、つまり文字と音の結びつき方を教え、話しことばの知識と文字とをつなぐための指導が必要なのはいうまでもありません。これらは、学校での文字指導の初期段階で行うものです。しかし、児童が鉛筆を使った基本的なデコーディングの段階を超えて、リテラシーやリテラシーの能力に関する知識をどれだけ広げていくか、そして実際にどれだけリテラシーに関わっているかということが重要になります。**リテラシーとの関わり度とは、読み書きの量とその幅のことであり、文章をより深く理解するための効果的なストラテジーの使用が大事**になってきます。こうしたストラテジーは、読書量が増えるにつれて、また教室でさまざまなストラテジーを学ぶにつれて、さらに発達するのです。

　そして3つ目に大事なのは、**読み書きに対する前向きな（心的）態度とアイデンティティへの投資です。読書が楽しいから続けてみようという動機づけ**です。また比較的教育水準の高い両親を持つ裕福な家庭の児童生徒は、社会経済的に恵まれていない家庭の児童生徒に比べて、より多くの本を手にし、両親や大人が本を読んでいる姿をより多く目にする傾向にあります。これが、社会経済的なグループ間でリテラシー能力の発達に大きな差が出る理由の1つです。

2.5　経済協力開発機構（OECD）の生徒の学習到達度調査（PISA）
——読書の取り組みについて（2000〜2018）

　27ヵ国の15歳児を対象にした読書達成に関する生徒の学習到達度調査（PISA）のデータを見てみると、いくつか興味深い点があります。ここでは、社会経済的地位よりも生徒の読書に対する取り組みの方が生徒のリテラシーの能力と関係が深いということが一貫して示されています。

「児童生徒の読書への取り組みは、社会経済的地位の環境よりもリテラシーの力と関係が深く、児童生徒の読書への関心を高めることが家庭での不利な状況を克服するのに役立つ。」　　　（OECD, 2004, p.8）

　さらに、2010年に発表されたOECDのある研究によると、社会経済的地位の低さが生徒の学力に及ぼす悪影響と、読書への取り組みが生徒の学力に及ぼす正の影響との間には約3分の1、つまり30％程度の重なりがあるということです。つまり、社会的に恵まれない環境に起因する負の影響の3分の1を学校で読書の取り組みによって押し返すことができる、**学校がリテラシーとの関わり度を強く推進することで、社会経済的地位の低い環境によってもたらされる悪影響を大幅に軽減できる**ということです。したがって、低所得層の生徒が早い段階から積極的に読み書きに取り組むようになれば、これは大きな効果が期待できます。しかし、北米のほとんどの学校やヨーロッパの多くの学校では、この可能性を十分に活用できていません。日本の状況がどうかは分かりませんが、これは議論する価値があると思いますし、学校の教師が「どうすれば児童生徒たちが主体的に読み書きに取り組むだろうか」と自問する価値がある課題であると思います。

2.6　アイデンティティを肯定する学校環境を作る──図書室に置かれた多言語の本（例：オンタリオ州トロント市のクレセント・タウン・スクール）

　カナダの例を挙げると、英語を母語としない生徒が90％以上に上る小学校があります。都心部の学校であり、社会的に恵まれない環境で育つ児童生徒が多いことから、追加の補助金が出ており、この補助金を利用して週4日、放課後に学校図書館を開けています。例えばトロント市のクレセント・タウン・スクールで、午後4時から6時までの間、学校図書館が開いているので、子どもを迎えに来た親が学校の図書館に行くことができます。学校は児童生徒の家庭言語で書かれた本のコレクションを充実させようとしているので、保護者や子どもたちは英語の本ばかりではなく家庭言語で書かれた本も借りて家に持ち帰り、家で読むことができます。もし児童生徒のリテラシーへの関わり度を高めようとするなら、このような取り

組みは、まさに研究によって裏打ちされた知見によって推奨されるものといえるでしょう。

2.7 何世代にもわたって差別・排斥・周縁化されたコミュニティ出身の児童生徒

3つ目のカテゴリー（c）は、**何世代にもわたって差別・排斥・周縁化されたコミュニティの子どもたち**です。不利な状況の原因となる要因に関するこれまでの研究調査によると、まずその要因は、一般社会における**社会的差別**であり、さらにさまざまなステレオタイプの**先入観やレッテルによる脅威**です。脅威とは、偏見を持つことによって、児童生徒のパフォーマンスに対して**教師が期待する度合いが低くなる**ことです。要するに、固定観念が教師の期待値に影響を与え、マイノリティ言語背景の児童生徒や社会経済的に恵まれない児童生徒に対して教師が期待をしなくなる、つまり期待値の低下につながるということです。このことから見えてくる重要な点は、**児童生徒自身のアイデンティティに対する価値の否定が、児童生徒の学業不振、低学力の原因だ**ということです。

著名なアフリカ系アメリカ人で、広く尊敬されている研究者・教育者であるグロリア・ラドソン＝ビリングス（Gloria Ladson-Billings）が、ここで何が起こっているかを次のように的確にいい当てています。

> 「アフリカ系アメリカ人の児童生徒が直面する問題は、学校でも、一般社会でも、自分たちの文化に対する価値が常に無意味なものとして否定されていることである。」　　　　　　　　　　　（1995, p. 485）

自らの文化の否定、アイデンティティの否定が学業不振の原因であるならば、それに対処するためには、児童生徒自身が自らのアイデンティティを肯定することに焦点を当てる必要があることは明らかです。ラドソン＝ビリングスもまたこの方向性を強調し、非常に洞察力に富むことを次のように述べています。

レクチャーⅡ　マルチリンガル環境で育つ子どもの教育のあり方について再考する

「児童生徒は、自分自身が有能なものとして周囲から扱われる時に自らの能力を発揮する可能性が高くなる。」　　　　　　　　　　(1994, p. 123)

　つまり、教師が生徒に高い期待を持ち、現時点での学校言語の習得度に関係なく、知的能力をフルに発揮させることができれば、生徒は自分自身の能力を肯定的に捉え、学業でも成功できるという自信を持つことができるのです。ここで**重要な指導のあり方**は、まず次の5点だといっています。

- 指導内容を児童生徒の実生活と結びつけて指導すること
- 生徒のL1やL2を学びのための資源として活用すること
- カリキュラムや指導を脱植民地化する必要があること
- リテラシーの発達に関連して児童生徒のアイデンティティを肯定する必要があること
- 児童生徒が言語を、理想的には現地語と家庭言語の両方の言語を、アイデンティティを肯定する強力な方法で使用できるように育てること

　言語によって可能か不可能かは異なりますが、アメリカやカナダなどでは、**生徒にまず母語で書くことを奨励し、それを社会の主要言語、つまり現地語につなげるという指導ストラテジー**が使われています。多くの国の先住民のように、何世代にもわたって差別されてきたコミュニティについては、その差別と排斥の歴史的パターンに目を向ける必要があります。もし植民地主義的なメンタリティが働いていて、先住民族や植民地化されたコミュニティよりも支配者側の方が優れていると考えられているならば、そうした構造をひっくり返す必要があります。学校ではそれとは真逆のメッセージを打ち出していく必要があるのです。

2.8　アイデンティティを肯定する学校環境を作り出すこと
——家庭言語と家庭文化を価値あるものとする

　非常にシンプルな工夫ですが、トロント地区の多くの学校では、学校の

事務室や来客用の入り口の掲示板に、地域で使われている複数の言語が表示されています。レクチャーⅠでも触れたように（資料 レクチャーⅡスライド25 [p.200]）、これは地域の教育委員会が希望する学校に提供しているサービスで、児童生徒が希望すれば最大10言語まで表示することができます。これは、あくまでも象徴的な行為であり、経費はかかりません。保護者や生徒自身も、学校の入り口に表示された［自分の］言語を目にするたびに「ここは私／私の子どもたちを歓迎してくれる場所」だと、自分たちが肯定されたように感じるでしょう。

　もう1つの例は、同じくレクチャーⅠでも触れたトロント市のソーンウッド公立小学校（Thornwood Public School）のトビン・ジクマニス（Tobin Zikmanis）という教師の話です（資料 レクチャーⅡスライド26、27 [pp.200-201]）。ジクマニス先生は算数のデータ管理の単元を教えていた時に、次のように考えたのです。「教科書に載っている例題を使って教えることもできるが、もっと面白いこともできる。私のクラスでも、また学校全体でも生徒の80％が英語以外の言語を話す家庭に育っている。この現状を活用して、データマネジメントに必要なことが教えられないだろうか」と。そこでジクマニス先生は、自分の学校の言語の多様性についてどんなことを知りたいか生徒と一緒にブレインストーミングをしたのです。その結果、かなりシンプルな3つの質問にまとまりました。そこでジクマニス先生は、生徒を3人か4人のグループに分け、それぞれのグループが別の学年のクラスに行き、各教室の教師に助けてもらいながらそのクラスの生徒にアンケート調査を実施したのです。その結果を持ち帰り、集めたデータを表計算ソフトに入力して、アンケートで分かったことを示す棒グラフや円グラフを作ったのです。

　この生徒たちは、知識をただ授受しただけではなく、実際に自ら知識を生み出しました。つまりジクマニス先生が取り組んだのは、アイデンティティに関するプロジェクトだといえます。学校コミュニティとしての自分たちの現実を算数を使って知ったのです。この活動を通じて、自分たちがいかにマルチリンガルであるかを知り、それについて話し合いました。そして自分たちの言語に関する知識、つまり自分たちのマルチリンガリズム

が、知的な活動の成果物として提示されたのです。このようなことは、児童生徒が自分自身をどのように捉えるかということに強い影響を与えます。ジクマニス先生によると、生徒たちがこの発表資料を作っている時は、いつものように休み時間に教室の外に出て休ませることが大変だったそうです。20分外に出て遊んだり休んだりするよりも、生徒たちはコンピュータを使って自分たちが発見したさまざまな種類のコンテンツのデータ操作をすることに夢中になっていたからです。

2.9　日本の事例

　これは日本の例です。レクチャーⅠでも詳しく取り上げましたが（pp.39-41）、真嶋潤子先生と櫻井千穂先生たちが行った日本の小学校に通う中国系バイリンガルの事例研究（縦断的研究の一部でもある）が、最近出版されたばかりのMigration, Multilingualism and Educationという本の１章として紹介されています[16]。ここで細かいデータの紹介はできませんが、10年間にわたって学校全体で行われたさまざまな取り組みについて説明があります。

　その取り組みの１つが、フルタイムの中国人教員を採用し、中国人の生徒のためのサポートクラスを設け、教師が中国語と日本語を使って指導して、児童生徒たちの言語に対する意識を高めたことです。これによって、保護者とのコミュニケーションの充実、校舎内の多言語表示やポスターの掲示、生徒が中国語を話すことを教師が積極的に褒めたり尊重したりするなど、日本の一般的な学校やカナダやアメリカの一般的な学校とはまったく異なる考え方が学校全体に浸透していったのです。**これは日本の典型的な学校でも、他の状況と同様に、こうした変革的マルチリテラシーズ教育を実践することができることを示すよい例**だといえるでしょう。

　このプロジェクトの一部として行われた量的研究では、中国系の子ども

16　Majima, J. and Sakurai, C. (2021). A longitudinal study of emergent bilinguals among Chinese pupils at a Japanese Public School: A focus on language policies and inclusion. In L. Mary, A-B. Krüger & A. S. Young (Eds.), *Migration, Multilingualism and Education* (pp.93-110). Bristol, UK: Multilingual Matters.

たちは、ネイティブ並みの日本語を流暢に話せるようになる方が教科学習に必要な読解力の習得よりも早いという結果が出ています。これは先ほどお話ししたパターンとまったく同じです。その結果、これらの子どもたちの多くは、日本語を習得したように見えても、その後さらに数年間は教師のサポートを必要とすることになります。これも、先ほどお話ししたパターンとまったく同じです。また、中国語の会話や聞き取りに加えて、読解力を身につけた子どもは、中国語の会話や聞き取りはできても読み書きができない子どもに比べて、日本語の読解力が格段に向上したということです。繰り返しになりますが、**第1言語の基盤がしっかりしていればいるほど、第2言語の学習に転移するもの、つまり下支えになるものがある**ということです。

第3部　入れ子型教育のオリエンテーション

　第3部ですが、基本的には、これまで述べてきたことを別の角度から見たものです。つまり、**知識の授与・知識伝達的学び、社会構成主義的学び、変革的学び／変革教育学的学び**を区別することです[17]。

3.1　知識の授与・知識伝達的学び、社会構成主義的学び、変革的学び／変革教育学的学びの流れ

　知識の授与・知識伝達的学びは、円錐形の内側の円で示したもっとも狭い対象領域です。国や州あるいは地域のカリキュラムやテストで決められた情報やスキルを児童生徒に直接伝授することが目標とされています。知識の伝達自体は重要なことで、カリキュラムで指定された情報やスキルを児童生徒に伝達すること自体には何の問題もありません。ただ、そのレベルだけに留まって教師中心の授業を行うようになると、積極的に指導内容

17　入れ子型教育のオリエンテーションについては、『言語マイノリティを支える教育【新装版】』（ジム・カミンズ著・中島和子著訳、2011年、明石書店）の第4章「変革的マルチリテラシーズ教育学――多言語・多文化背景の子ども（CLD）の学力をどう高めるか」（pp. 118-152）を参照のこと。

知識の授与・知識伝達的学び（Transmission）
社会構成主義的学び（Social Constructive）
変革的学び／変革教育学的学び（Tranceformative）

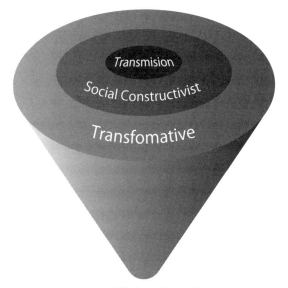

図1　入れ子型教育のオリエンテーション
（Vaslia Kourtis-KazoullisとEleni Kazoullisによるデザイン、許可を得て転載）

資料 レクチャーⅡスライド32（p.203）より作成

を児童生徒の生活につなげることが難しくなるのです。教えている内容を児童生徒自身の生活につなげるという、学習上極めて大切な活動を生徒にさせられないとなると、学びの焦点が矮小化され、生徒がさまざまな要因で経験するであろう機会格差の諸問題に対処できなくなってしまいます。その要因とは、例えば学校言語［だけ］で教科を学ばざるを得ない状況とか、社会経済的に不利な立場に置かれているとか、子どものアイデンティティが一般社会で否定されているとかなどです。

　社会構成主義的学びは、円錐形の中心部を占める対象領域です。これはヴィゴツキーの研究に大きな影響を受けたものですが、このアプローチは、情報やスキルの伝達の重要性を認識しつつ、教師と児童生徒が知識や学びを共に構築し、児童生徒の高次の思考能力を伸ばすことに焦点を当てます。

ここで重視されるのは体験に基づく学びであり、協働的な知の探究であり、知識の構築です。ただし、社会構成主義的な学びは、必ずしもデリケートな問題、例えば社会の力関係に関わる問題に焦点を当てているわけではありません。

　変革教育学的学びは、円の外側の部分を占める広い領域です。変革的マルチリテラシーズ教育学とも呼ばれ、パウロ・フレイレの研究の影響を受けており、社会的な課題に焦点を当てます。例えば科学を教える際には、気候変動に関する問題を取り上げるかもしれません。例えば気候変動の背景にある科学とは何か、なぜこのようなことが起きたのかなどです。**変革的アプローチでは、カリキュラムの狭義の目標にとどまらず、カリキュラムで求められている教科学習内容を、生徒自身の生活や経験およびそれに関する生徒自身の知識と結びつけようとします。**つまり児童生徒の人生に影響を与える問題への関心や探究心を高めようとするのです。例えば、社会における平等性の問題、社会のなかでだれが飢えているかという問題、これらはここで探究される可能性のあるテーマです。また私たちが買っている製品はどこから来ているのかという問題、多くの児童労働者が雇用されている国から来ているのか、それをどう受け止めるべきかなどです。これは市民として、また生徒として、私たちにとって、どのような意味を持つのでしょうか。**変革的教育学的学びでは、児童生徒の協働的・批判的探究を通じて、児童生徒自身が自らの人生やコミュニティの社会的な現状を分析し、理解する力を身につけていきます。**そして、児童生徒たちはこのような現実をどのように変えていくかについても話し合い、さまざまな形のソーシャルアクションを通じて実際に行動に移していくことも度々あるのです。

3.2　私たち教師は、指導を通じてどのような生徒像を描くのか？

　では、まとめに入りたいと思います。これまでお話ししてきたのは、学校ベースのポリシー／施策、つまり、**言語に関する学校の方針**のことです。例えば、学校は児童生徒の家庭言語をどのように見ているのでしょうか。児童生徒へのメッセージは、暗示的にも明示的にも、「家庭言語は学校の

玄関の外に置いてこい」というものでしょうか。つまり家庭言語は学校では歓迎されないのでしょうか。保護者に対してはどうでしょうか。家庭で日本語以外の言語や（日本の場合）、英語以外の言語（カナダの場合）を話すことが、そもそもの問題の根源だというメッセージを伝えているのでしょうか。

　こうした学校の方針を振り返る時、**言語そのものに対する方針と、指導に関するオリエンテーションの両方が重要**です。カリキュラムの知識の伝達だけに集中していないでしょうか。社会的に疎外されたコミュニティの児童生徒の多くが経験するアイデンティティの否定といった課題に対処するには、それだけで十分なのでしょうか。学校内の言語政策や指導方針について、学校コミュニティとして考える時、①「私たちの指導によって生徒たちは、『あなたは**バイリンガル**になれるよ、**バイリテラシー**を身につけることができるよ』という『前向き』のメッセージを与えているかどうか」が問われます。また学校は児童生徒たちに、②**高次の思考能力によって知的成果の達成が可能だ**というメッセージを子どもたちに伝えているでしょうか。さらに日本で日本語を学んだり、カナダで英語を学ぶニューカマーの児童生徒たちは、自分たちが③**創造的で想像力豊かな思考ができる**、という（学校側の）メッセージを受け取っているでしょうか。それとも、「まず英語を学びなさい。英語を学んでまず教科学習で追いつくことができたら、初めてプロジェクトだの、知的探究だの、創造的な課題など、楽しい学びができるんだよ、それまでは我慢しなさい」というメッセージを与えてしまっているでしょうか。もし後者だとしたら、これは本当に問題です。なぜなら学校言語を習得するまでは、知的な力を必要とする挑戦的な課題に取り組む力を持った生徒とは見なされていないということだからです。また私たちは生徒たちに、④**文学作品や芸術作品を創造する力**があるというメッセージを伝えているでしょうか。また⑤**新しい知識を構築する力**はどうでしょうか。⑥**社会問題の解決策を考える力**はどうでしょうか。このような問いかけを、私たちは**学校レベル**で行う必要があるのです。

　今ここで私が問題にしているのは、児童生徒たちにどのようなアイデンティティの可能性があるかを伝え、どのように新しい世界を切り開いてい

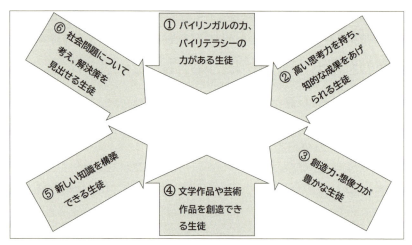

図2 教師はどのような生徒像を描いて教えているのだろうか

資料 レクチャーⅡスライド33（p.204）より作成

くかということだけではありません。**教育者としての私たち自身のアイデンティティ**についても話しているのです。なぜ私たちは学校の教師をしているのか？ 教育者としての目標は何なのか？ 児童生徒には何を学んでもらいたいのか？ 児童生徒に何ができるようになってほしいのか？ 私たち教員は、児童生徒たちにマルチリンガルになってもらいたいのです。児童生徒に自分の家庭言語を維持してほしいと思っているのです。児童生徒たちが創造的な活動を広げて、人が読みたいと思うような物語を創作したり、芸術的な才能を力強く発揮できる人間として、自分自身を受け入れることができるようになってほしいと思っているのです。また児童生徒たちには、私たちから受け継ぐことになる気候変動問題について深く考えられるようになってほしいと思っていますし、社会的不平等に関する問題についても考えるようになってほしいのです。それが教師としての今の自分の姿であるのか、生徒の能力やアイデンティティをこのような形で構築したいと思っている教師なのか、それともただカリキュラムに沿って知識を伝えるだけの教師でいいのか、私たちは自らに問いかけなければなりません。

　これらの問いには、正解も不正解もないのですが、アイデンティティ交

渉のプロセス全体を反映しています。教室のなかでは、すべてのインターアクションとともに、**教師のアイデンティティと児童生徒のアイデンティティの交渉**が、常に起きているのです。

結　論

　私が今日のレクチャーⅡで主張したかったことをまとめると、次の４点になります。

1. マルチリンガル環境で育つ児童生徒のための効果的な教育の実践のあり方について、興味を持っている学校管理職、教員、政策立案者等が入手可能な実証的研究のエビデンスが豊富にあること。

2. 多言語環境で育つ児童生徒、社会的に疎外されている児童生徒、また教育的に不利益を被っている児童生徒たちの不利益につながる原因に対して、直接それに対処し、効果を上げる指導ストラテジーは次のようなものである。

   - 足場かけによって言語の理解と産出をサポートすること
   - カリキュラム全体を通してアカデミック言語を強化すること
   - 児童生徒の多言語レパートリーを活用すること
   - 児童生徒のリテラシーとの関わり度を最大限に強めること
   - 児童生徒の実生活、児童生徒の知識、そして児童生徒のコミュニティの文化と言語に結びつけた教科指導をすること
   - 自分の母語の力とリテラシーの力を駆使して、強力で知的かつ創造的な学習の実践を通して、児童生徒自身が自らのアイデンティティを肯定的に捉えられるようにすること

3. 知識の伝授・伝達的学び、社会構成主義的学び、変革教育学的学び、これら３つのオリエンテーションは決して互いに対立しているもので

はない。理想的な形としては、これらの入れ子型教育のオリエンテーションが指導においてすべて組み合わされ、言語マイノリティであるマルチリンガル環境で育つ児童生徒の教育機会の格差に対して、何らかの対処となることが望ましい。

4. しかしながら、知識の授与・伝統的学びで終わる指導は、マイノリティ児童生徒が体験するアイデンティティの否定には対処できないため、学習意欲を高めかつ学習成果を上げるという点では、大きな効果は期待できない。したがって、**社会構成主義的学びや変革教育学的学びを取り入れた指導が必要となる。**

レクチャー III

バイリンガル教育理論とトランスランゲージング教育論
言語政策と教育実践への示唆

ジム・カミンズ
トロント大学名誉教授

はじめに

　今回の私のプレゼンテーションのタイトルは、「バイリンガル教育理論とトランスランゲージング教育論——言語政策と教育実践への示唆」です。**トランスランゲージング**に焦点を当てたのは、この用語が過去12年ほどの間にほとんどユビキタス、いつでもどこにでも存在することばになっているからです。応用言語学の文献には、トランスランゲージングをテーマとした論文が何千と発表されています。また、**バイリンガル教育**に焦点を当てるのはなぜかというと、バイリンガル教育が多くの国で拡大し続けているからです。もちろん国によって状況が異なりますが、**バイリンガル教育がいわゆるこれまでの第2言語教育とどう関係しているのか**について、今回お話ししたいと思います。

概　要

　このプレゼンテーションは4つのパートに分かれており、基本的には、昨年Multilingual Matters社から出版された私の著書『マルチリンガル学習者の教育を再考する』[1]から引用したものです。
　まず最初にパート1では、バイリンガル教育における理論的な背景について歴史的な観点から簡単に説明し、今日お話しすることがどんな文脈での話なのかを概観したいと思います。
　パート2では、バイリンガル教育の問題を取り上げます。現実には、バイリンガル教育とは、単に教科の1つとして言語を教えるのではなく、2つ以上の言語、教科を教える授業の媒介語として使用するものですが、第2言語を教科科目の1つとして教える伝統的な［外国語］教育よりも、はるかに効果を上げる傾向があります。しかしプログラムによっては、その実施にあたって、私から見ると**問題がある前提となる考え方が共有されている**ことがあります。このような問題のある前提を理解することは、児童生徒の言語習得を支えるに当たって私たちがすべきことを考える上で非常に

1　カミンズ教授の新著の書誌情報については、レクチャーⅡの注1（p.44）を参照のこと。

重要です。

　パート3では、過去15年ほどの間に起こった「マルチリンガル・ターン」（Multilingual Turn）と呼ばれる流れを見ていきます。これは**言語教育**を考える上で、静的・スタティックな第1言語の上に静的・スタティックである第2言語を「加える」という観点ではなく、むしろ**学習者をマルチリンガル、あるいは潜在的なマルチリンガルとして見ることで、2つの言語が脳のなかで互いに「ダイナミック」に関わり合うことに注目した見方**です。そして最後に、このような研究と理論が、日本や他の国の第2言語教育にどのような示唆を与えるかを見ていきたいと思います。

パート1　第2言語教育の理論的背景に対する歴史的概観

1.1　過去50年以上にわたる第2言語教育の互いに重なり合う4つのフェイズについて

　まず最初に、第2言語教育の理論的背景を概観するために、ざっと歴史の流れを見てみましょう。過去50年ほどの第2言語教育の前提のなかで、いくつかの段階に重なっている基本的な考え方についてお話しします。まず、**文法・訳読**の段階です。私はこれをメソッドではなくフェイズと呼んでいますが、それは前提となる一連の考え方があり、それが互いに重なり合っているからです。そして、たった今、この瞬間にも文法・訳読の授業は行われています。しかし、文法・訳読式の教育では、児童生徒の第1言語と第2言語が接触はしますが、焦点が当てられるのは言語の構造のみで、多くの場合児童生徒の学習プロセスがアクティブというよりは受け身である場合がほとんどです。児童生徒が目標言語を使って何かを「する」ことはほとんどなく、生徒が学校の試験や国家試験に合格することを目指した言語教育に、重点が置かれていることが多いのです。

　文法・訳読の段階やそのベースとなる考え方は、「モノリンガル」フェイズ、または「**2つの孤独**」[2]フェイズによって、当然問題視されてきまし

2　「2つの孤独」（Two Solitudes）は、フランス系カナダ人とイギリス系カナダ人との葛藤を

> ## 過去50年以上にわたるL2 Teachingの互いに重なり合う4つのフェイズについて
>
> ● 文法・訳読のフェイズ
>   L1とL2の接点はあるが、焦点は言語構造のみ。児童生徒は受け身で目標言語を使って何かを「する」必要はない。
>
> ● モノリンガルと「2つの孤独」のフェイズ
>   児童生徒のL1と切り離してL2を教える。
>
> ● クロスリングィスティック（言語間の関係）／複言語主義のフェイズ
>   児童生徒のL1をリソースと見て言語間の接触と転移、つまりトランスファーを奨励する。
>
> ● トランスランゲージングのフェイズ
>   'languages'［複数の言語］が児童生徒の認知システムでは区別されないため「言語間の転移を促進する指導」について論じるわけにはいかない。'languaging'（動詞の形）については語れても、認知システムに実在しない'languages'（名詞の形）については語ることができない。

資料 レクチャーⅢ スライド4（p.207）

た。「モノリンガル」というのは、第2言語を教科として教える際に、第1言語ではなく、目標言語である第2言語を使って教科を教えることに重点を置く、またはそれを最善の指導法と見なす考え方です。これは教師にも生徒にも当てはまることで、第2言語は通常、生徒の第1言語から切り離された状況で教えられるのです。「2つの孤独」という用語は、私が使ってきた用語ですが、バイリンガル教育や第2言語イマージョン教育において、2つの言語が互いに干渉をしないように、つまり第1言語が第2言語の学習の妨げにならないように、2つの言語を厳格に分離すべきだという

テーマとした小説『2つの孤独』（Hugh MacLennan, 1945）に由来する。カナダのイマージョンプログラムのように、バイリンガル育成を目標としながらフランス語で教科を教えるクラスと英語で教科を教えるクラスが、独立した形で存在する状況、つまりモノリンガル・オリエンテーションの例として、カミンズが使用した用語である（例えばCummins, 2007; Cummins, 2021a）。

考え方を示すものです。私の考えでは、この「2つの孤独」フェイズは、教科の1つとしての外国語教育におけるモノリンガル的な考え方と同じくらい問題なのです。

このために過去15〜20年の間に「クロスリングィスティック・フェイズ」(crosslinguistic phase)、または「複言語主義フェイズ」(plurilingualism phase) と呼ばれる段階が生まれました。ヨーロッパ評議会や欧州の研究者たちの多くは、多言語主義 (multilingualism) ではなく、複言語主義 (plurilingualism) ということばを使用しています。この理由について、またこの用語がどこから来たかという点については後程お話ししたいと思います[3]。このクロスリングイスティック・フェイズでは、生徒の第1言語が第2言語学習のための資源、リソースと見なされ、言語間の接触と転移、トランスファーが奨励されます。したがって**学習者の2言語また学習者が持つすべての言語を、意味のある形で互いに接触させて使用することに重点**が置かれるのです。

そして、最近、ここ30〜40年ほどの間に「トランスランゲージング」に急速に注目が集まっています。トランスランゲージングの研究や論文の大きな流れは、ニューヨークのオフェリア・ガルシア (Ofelia Garcia) 教授とその同僚たちの研究成果[4]に端を発したものです。ガルシア教授らは、学習者の認知システムのなかのさまざまな言語は互いに切り離すことができないと主張し、このため言語間転移について議論することにはそもそも正当性がないと主張しています。言語間転移という概念自体が、コンテンツやアイディアを伝達するための言語が2つあることを前提としているからです。これが「**一元的トランスランゲージング理論**」、すなわち「**Unitary Translanguaging Theory (UTT)**」と私が呼んでいる理論です。

---

[3] 多言語主義 (Multilingualism) と複言語主義 (plurilingualism) の違いに関してはパート3の2 (p.101) を参照のこと。

[4] その研究成果の1つであるガルシア教授チームの *The Translanguaging Classroom: Leveraging Student Bilingualism for Learning* (2016) の和訳が、ガルシア, ジョンソン, セルツァー (2017)『トランスランゲージング・クラスルーム——子どもたちの複数言語を活用した学校教師の実践』(佐野愛子・中島和子監訳、2024、明石書店) として出版されている。

このガルシア教授の理論では、基本的に言語システム、つまり認知システムは1つしかなく、ガルシアらが言語、または「個別言語」（named languages）と呼ぶものは、そのシステムのなかでは実際に個々の言語を区別することはできないといっているのです。私から見るとそれは行き過ぎであって、根拠に乏しく、問題のある仮定であると考えます。つまり、この「一元的トランスランゲージング理論」（例えばGarcia, 2009）では、"languaging" と動詞として語ることには正当性があるが、名詞としての "languages" を語ることは適切でないと考えます。いい換えると、"languaging" については、私たちの認知システムで起こることとして話すことができますが、"languages" というものは、認知システムに存在しないから「語れない」といっているのです[5]。

1.2　マジョリティ言語グループと移民背景の児童生徒のための第2言語教育の現状

このような状況が第2言語教育にとってどのような意味を持つのか、疑問に思われる方もいるでしょう。実は、私自身も混乱しています。多くの教員にとって、そして研究者にとっても、かなり紛らわしい状況です。

現在でも、教師が目標言語のみを用いて授業を行うことが最善の指導法であるという考え方は、広く浸透しています。また、目標言語のネイティブスピーカーは、アクセントや流暢さがネイティブらしいということで、「よりよい」教師であると見なされる傾向があり、また、第2言語のみを使用して授業を行う可能性も高いと多くの人が信じています。こうしたビリーフは、日本やブラジルなど世界中の多くの国で、語学学校や語学ビジネスが、「ネイティブスピーカー」のスタッフを雇っているという宣伝を

---

[5] "languages" というものは、認知システムには存在しないから「語れない」……という一連の文言は、一般常識とはかけ離れているため、もしかして「誤訳？」と疑問に持たれる読者もいるだろう。本書のバフチンの言語観の説明（「解説」p.132）に、言語というものは「個人の［認知システム］の中に存在するものではなく、人とのやり取りの中に存在するもの」（Garcia & Li, 2014：7）とあるが、まさにこれが社会言語学的立場に立った言語の捉え方であり、一元的トランスランゲージング理論（UTT）の基盤となっている視点である。

している事実を見ても理解できるでしょう。このため、ネイティブスピーカーとノンネイティブスピーカーの間に格差ができ、ノンネイティブの教師は、ネイティブスピーカーの方が自分より優れていると思い込んでいます。多くの応用言語学者がこうした思い込みに強く反発していますが、言語教育ビジネスでは、この思い込みがかなり浸透しています。

　このようなビリーフは、生徒の第1言語と第2言語の間に強い関係があることを示す研究によって疑問視され、言語間転移を意識して教えるべきであることが示唆されています。また、先ほどもいったように、過去10年ほどの間に「トランスランゲージング」に注目が集まり、第2言語教育におけるモノリンガルアプローチがさらに否定されるようになりました。そして、ガルシアやその同僚たちの研究は、複数形での「言語」('languages') は私たちの認知システムには存在しないので、言語間転移のための教育さえも問題であると主張しているのです。では、このような相反する流れをどのように理解すればいいのでしょうか。

1.3　モノリンガル「ダイレクト・メソッド」（直接教授法）の前提となる概念について

　ここで、モノリンガルまたは直接法（Direct Method）に戻りましょう。直接法は100年ほど前から存在するもので、教師は生徒の第1言語を排除して目標言語のみを使って教えるべきだと主張してきました（Howatt, 1984）。そしてこれは、第1言語の干渉を最小限に抑えて、学習者が目標言語で考えることができるようにするためです。この原則は、もともと100年以上も前に「直接法」として広く受け入れられ、今でもさまざまな言語教育アプローチに強い影響を及ぼし続けています。例えば、コミュニカティブ・ランゲージ・ティーチング（CLT）は、直接法と多くの前提を共有する教授法として実践されています。Yu, W.（2000）のことばを借りれば、「直接法は、子どもが母語を学ぶ方法をそのまま模倣し、媒介語としての翻訳を避け、学習のあらゆる場面で直接外国語を媒介語として使用することを強調している」のです（Yu, W., 2000, pp.176-178）。これらの前提は、1960年代と1970年代に出現したオーディオリンガルアプローチ（Audiolingual Approach）やオーディオビジュアルアプローチ（Audio-Visual Approach）に反映されており、現代のさまざまな状況におけるコミュニカティブ・ランゲージ・ティーチング（Communicative Language Teaching）の実践においても、いまだに見られるものです。

1.4　多くの状況下における第 2 言語教育の期待はずれの結果

　さまざまな状況における第 2 言語教育の成果を見ると、一般的に外国語や第 2 言語を指導の媒介語としてではなく、学校の教科の 1 つとして教える方法は、ほとんどの生徒にとって効果が上がらないことが明らかになっています。もちろん学校外で生徒が相当量の英語に接する機会がある場合、例えば、生徒が英語のソーシャルメディアに参加したり、英語の音楽を聴いたり、テレビで英語の番組を見たりして、英語に触れる機会がかなりある場合は別で、例外的に、その言語がかなり流暢になることもあります。オランダ、スウェーデン、ノルウェーなど、北欧の多くの国々では、テレビ番組がその国の言語に吹き替えられるのではなく、字幕で表示されています。このため、生徒は英語を聞きながら、同時に第 1 言語や母語の字幕版を読んでいます。このような状況で、学校の外で第 2 言語にかなり触れることができれば、学校での外国語教育はそれなりにうまくいくでしょう。しかし、そのような環境がない場合は残念な結果になり、ほとんどの生徒が目標言語を流暢に操ることができるようにはなりません。試験ではよい点が取れるかもしれませんが、その言語を流暢に話すことは、6 年、7 年、8 年教育を受けても通常は無理なのです。

　このことは、カナダの状況を見てもよく分かります。第 2 言語としてのフランス語の教育では、1 日 30 分あるいは 40 分、教科の 1 つとして教えると、生徒はその言語についてある程度のレベルに達することができますが、通常、5、6、7 年後でも、フランス語で簡単な会話をすることはできませんし、学校の外で自然な場面で対象言語に触れることがないほかの多くの状況でも同じことがいえます。ただこのアプローチでそれなりのスキルを身につけることができる優秀な学習者や熱心な生徒もいますが、それはおそらく全体の 2 割程度にとどまるでしょう。8 割の生徒にとっては、

結果は残念なものです。この結論は、私たちがこれまで話してきた、文法訳読法、直接法、オーディオリンガル法、コミュニカティブ・ランゲージ・ティーチングなどの「教授法」や、その他のほとんどのアプローチ、例えば学校の教科の1つとしての外国語教育や第2言語教育に当てはまるものなのです。

パート2　バイリンガル教育（L2イマージョンやCLILを含む）の研究成果と2つの指導原理

　第2言語イマージョン教育やCLIL（Content and Language Integrated Learning）[6]などを含むバイリンガル教育は、先ほどお話ししたアプローチよりもずっとうまくいくタイプの教育であることが、これまでの研究で明らかになっています。CLILや第2言語イマージョンをバイリンガル教育の一種と見なすのは、これらの教育では目標言語が授業の少なくとも一部の教科で、指導言語として使用されるからです。第2言語イマージョンでは、通常、導入期である小学校の低学年で第2言語を主な指導言語として使用します。CLILは通常6年生か7年生から始まって、1教科、時には2教科を、第2言語を使って教えます。バイリンガル教育は、アメリカ、カナダの一部、ヨーロッパの一部で実施されており、通常、授業の少なくとも50％を目標言語、またはそれぞれの言語を使用して行うプログラムと定義されています。こうしたバイリンガル教育が成功しているにもかかわらず、バイリンガル教育の一部や第2言語イマージョンプログラムの一部にはその実施にあたり、言語をどのように教えるべきかという点で、例の問題のあるモノリンガル的な指導方針が共通してみられます。パート2で

6　CLIL（Content and Language Integrated Learning）とは、教科学内容と言語学習を統合する「内容言語統合型学習」のこと。1990年代半ばにヨーロッパの市民教育の一環として生まれた新しい教育的試みで、例えば「歴史」とか「物理」などの学校教育のなかの教科学習を外国語で行い、教科内容の理解と同時に思考力・批判力を培いつつ、外国語の力も共に伸ばすことを目標にしたものである。またCLILにはカナダのイマージョン教育、また米国で外国語教育の一環として生まれたCBLI（Content-based Language Instruction）との共通点も多い。

は、この点について詳しくお話ししたいと思います。

2.1　バイリンガル教育の研究が示すもの

　では、バイリンガル教育について、これまでの研究がどのような結果を示しているか見てみましょう。まず、マイノリティである少数派の児童生徒、つまり母語が社会で用いられる主要言語とは異なる児童生徒の場合と、マジョリティである多数派の言語グループの児童生徒では、その成果に違いがあるかというと、バイリンガル教育はどちらの場合も、また世界のどこの国でも、成功裏に実施されています。一般的にいって、バイリンガルプログラムは、学校の教科の1つとして外国語を学ぶよりも、はるかによい結果を生み出しているのです。

　マイノリティの子どもの場合、子どもたちの母語が脆弱で、学校やコミュニティの強力なサポートがなければ、母語で流暢に話す力や読み書きの力は十分に伸ばすことができないのが現実です。通常、私が住んでいるトロントのように児童生徒の半数以上が非英語圏出身で、移民家庭の児童生徒が多いところでは、小学校入学時点では母語を流暢に話しますが、2、3年のうちに母語が伸び悩み、両親が家庭言語の保持にかなり強い方針を持っていない限り、小学校が終わるころには英語のモノリンガルとして機能するようになり、学校言語つまり社会の優勢言語が家庭言語に取って代わるのです。以上のような理由で、少数言語グループの児童生徒に対するバイリンガル教育が必要な理由の1つは、これらの児童が母語を使い続け、母語のリテラシーを身につけられるようにすることなのです。このため、例えば米国には、スペイン語を話す児童生徒を対象に、50%スペイン語、50%英語を使って教科の授業を受けるバイリンガルプログラムがたくさんあるのです[7]。

---

[7] カナダと米国のイマージョン教育の違いについては、Fred Geneseeら（2008）のDual language education in Canada and the U.S.A.（https://www.psych.mcgill.ca/perpg/fac/genesee/21.pdf）、日本語では、中島和子編著『マルチリンガル教育への招待——言語資源としての外国人・日本人年少者』（2010）の第2部の2章「バイリンガル教育の実態——カナダ」pp.47-96、3章「バイリンガル教育の実態——アメリカ」pp.97-132 を参照のこと。

バイリンガル教育の研究で明らかになったもう1つの点は、これも言語マイノリティの児童にも言語マジョリティの児童にも両方に当てはまるごく一般的な利点ですが、マジョリティ言語を使った指導時間がかなり削られても、「マイノリティ言語」を使う授業があるために、言語マイノリティの子どもたちが言語の習得において失うものはほとんどないということです。小学校高学年になるまでには、通常「マジョリティ言語」のリテラシーの遅れを取り戻すことができるからです。

　ただし、両方の言語の教科学習言語は、どちらの言語でも積極的に教える必要があります。言語間の概念の転移、トランスファーは放っておいても自然に起こることもありますが、学校側が積極的に転移を意識して教えることで、そうした転移の効果が高まります。このことを実証する研究成果について、またそこから得られる教育的な示唆について、次にお話したいと思います。

2.2　加藤学園——日本における英語イマージョンの例

　それでは、日本におけるバイリンガルプログラムですが、加藤学園という学校教育の第2言語イマージョンプログラムの経験を通して、日本の文脈における英語イマージョンプログラムについて説明します。次の引用は、加藤学園の校長であるボストウィック氏が書いた博士論文（Bostwik, 1999）の一部ですが、英語イマージョンプログラムがどのようなプログラムであるか、その主な点と研究成果をいくつか紹介します。ボストウィック氏は、まず加藤学園の英語イマージョンプログラムについて次のように説明しています。

　　「このプログラムの児童たちは、イマージョン教育を受けていない児童と同様に日本語（すなわち国語）の授業を受けるが、国語以外の授業はすべて英語で行われる。つまり、1日の授業の約3分の2が英語で行われることになる。」　　　　　　　　　　　　　　　(p.63)

　ということは、加藤学園のイマージョンプログラムは、カナダのフレン

チイマージョンプログラムやアメリカのスペイン語イマージョンプログラムとは異なり、児童の母語をプログラムの最初から教えており、国語教育や国語のリテラシーに関わる指導は、イマージョンではない普通プログラムと同じだけの時間をかけて行い、その他の教科はすべて英語を使って教えるということです。ボストウィック氏はその生徒たちの成績について、次のように語っています。

「全般的にいって、イマージョンプログラムの児童は、母語ですべての指導を受けた一般児童と同じ、高いレベルの成績（全教科において）を収めた。」 (p.187)

そして

「この結果は、全国および都道府県の国語の到達度テストで測定される第1言語（つまり国語）の読み書き能力には、マイナスの影響がないことを明確に示している。2言語間の差は、［国語をのぞいてすべての教科を第2言語（英語）で教える］パーシャルイマージョンの文脈では、第1言語の発達にほとんど、あるいはまったく悪影響を及ぼさないようである。」 (p.190)

という指摘をしています。また、ボストウィック氏はこのプログラムをトータルイマージョンではなく、パーシャルイマージョンと呼んでいますが、それはプログラムの最初から母語である日本語、つまり国語の授業が設けられているからです。そして、生徒の英語力に関して、次のように述べています。

「言語面では、5年生の児童たちが米国の3年生とほぼ同じレベルの英語力を持っていることになる。ほとんどの生徒が海外で生活した経験がないことを考えると、これは驚くべきことである。イマージョンプログラムの生徒の英語力と、一般の日本人の英語力がどう違うか英検

で比べてみると、イマージョンプログラムの生徒の英語力は、大多数が中学3年生のレベルかそれ以上であることが分かった。」

(pp. 190-191)。

 ということは、日本の加藤学園の例は、アメリカやカナダ、アイルランド、ウェールズなどにおける第2言語イマージョンプログラムと同様の結果であり、児童生徒は母語の能力や母語のリテラシーを犠牲にすることなく、目標言語のスキルをより高いレベルで身につけることができるのです。第2言語を通して学ぶ教科の知識に関しても同様です。ボストウィック氏はなぜこのようなことが起こりうるかについても次のように触れています。

2.3 「認知的再処理」による概念的知識、教科内容知識の転移

 ボストウィック氏は「認知的再処理」(cognitive reprocessing)[8]について述べています。この概念は1960年代半ばに、モントリオール地域で始まったカナダ初のフランス語・英語イマージョンプログラムの評価を担当したウォーレス・ランバート(Wallace Lambert)とリチャード・タッカー(Richard Tucker)(1972)の発言の一部を引用したものです。ランバートとタッカーはイマージョン教育を評価して次のような推測をしています。

> 「……子どもたちは、……フランス語で得た情報を英語で再処理することによって、あるいはフランス語と英語で同時に処理することによって、基礎的な読みの力(basic skills of reading)、概念の展開(concept development)、語彙操作(word manipulation)、言語上の創造性(verbal creativity)などの基本的な能力が、フランス語を通して英語に転移(transfer)したのではないだろうか。」 (p. 82)

---

8 'cognitive reprocessing' という用語は、カミンズ教授自身も資料 レクチャーⅢスライド11(p.211)の文献でしか見たことがないとのことである。ちなみに 'crosslanguage semantic remapping' (p.112参照)は語彙や意味上の2言語間の関係が焦点であり、一方 'cognitive reprocessing' は意味がやや異なり、思考や意味論上の言語技能の処理も含むという。

つまり、弱い方の言語（例えば、フランス語など）で教科内容を学んでも、生徒が教科内容の知識において遜色なく学力を伸ばすことができる理由の1つは、その情報を母語で再処理することによって、英語も同時にネイティブのレベルまで教科内容の知識を定着させているからだと彼らは推測しているのです。1980年代から1990年代にかけて、イマージョンの文脈で多くの評価に携わったアンドリュー・コーエン（Cohen, 1994）は、スペイン語と英語のイマージョンプログラムにおける算数の文章題の研究でも、同じような文脈で語っています。彼はこういっています。

「この再処理という現象は、私たちの研究で明らかになったといえそうであるが、英語で再処理した情報のすべて、あるいはそのほとんどがスペイン語を通して入手した情報だった。この研究の対象となった生徒たちは、『家庭言語が英語で、学校で第2言語としてのスペイン語のイマージョンプログラムで学んでいる生徒たち』であり、算数の文章題を解くに当たって、スペイン語から英語に切り替えたとしてもさほど驚くべきことではない。イマージョンプログラムに通って6、7年も経つと、外見上、また社会的にはスペイン語で行動していても、心理的あるいは認知的なレベルでは、スペイン語優位にはなっていなかったのである。」
(p.192)

　つまり外面的にはスペイン語で話したり書いたりしていても、また授業中の作業や読書などにおいてスペイン語で読み書きをしたりしていても、内面的には両言語が進行しており、2つの言語はつながっている、ということなのです。そして、この点についてボストウィック氏は、学位論文のなかで、次のように述べています。

「ある言語を媒介語として学んだスキルが別の言語へ転移することは、世界中のイマージョンプログラムで繰り返し確認されており、日本の英語イマージョンプログラムでも確認された。概念の転移は一見自発的に起こるようである。……これらの研究結果は、イマージョン教育

を受けている児童たちが……即座にL1で『再処理』を行うこと、そして児童の内面の言語環境が外部の観察者が期待するほど外国語指向（foreign-language oriented）ではないということである。」　　　　(p.188)

2.4　これまでのバイリンガル教育に関する大規模な研究が示すもの

　ここで、バイリンガル教育に関する研究が示すものに目を向けてみましょう。1960年代から世界の多くの地域でバイリンガル教育に関する研究が何千と行われていますが、これらの大規模な研究の結論をここで3点、示しておきたいと思います。

(1)「第2言語学習者のリテラシーの発達」

　そのうちの1つは、2006年に発表された言語的マイノリティの児童生徒や青少年に関する全米リテラシー調査委員会の報告書です。この報告書の題名は「第2言語学習者のリテラシーの発達」で、特にアメリカにおけるバイリンガル教育に関するすべての研究成果を検証して、こう述べています。

> 「要約すると、バイリンガル教育が母語や英語の学力向上を阻害する兆候は見られなかったということである。言語的マイノリティの児童生徒にも、継承語教育を受けている児童生徒にも、フレンチイマージョンプログラムに在籍する児童生徒のいずれにも、（バイリンガルプログラムの受講生とそうでない児童生徒の間に）バイリンガル教育が母語や英語の学力向上を阻害する兆候は見られなかった。
> 　両者の間に差が観察されたのは、バイリンガルプログラムの児童生徒の方が平均して有利だということである。メタ分析[9]の結果、バイリンガルプログラムの方が中程度ではあるが、プラスの効果があることが見られたという。」　　　(Francis, Lesaux & August, 2006, p.397)

9　メタ分析とは、同じような統計的分析がなされた研究結果を統合して、それをさまざまな角度から分析・比較することをいう。

(2)『英語学習者（ELL）の教育』

　もう１冊、米国などで同様の知見を検証して出版されたのが、フレッド・ジェネシー（Fred Genesee）らによる『英語学習者の教育』[10]というケンブリッジ大学出版の本です。彼らはこう結論付けています。

> 「英語学習者（つまり米国におけるマイノリティ言語児童生徒）の教育における成功は、生徒の第１言語による指導を継続することと正の関係があるという強力なエビデンスに収斂される。
> 　……ほとんどの長期的な研究の報告において、児童生徒がL1プログラムに在籍する期間が長ければ長いほど、より肯定的な結果が得られた、ということである。」
>
> （Lindholm-Leary & Borsato, 2006, p. 201）

(3) マイノリティグループ児童生徒に対するバイリンガル教育の有効性に関する研究——バイリンガル教育に対する圧倒的支持

　そして最後に、レクチャーⅠですでに触れましたが[11]、2017年に出版された全米国立科学・工学・医学アカデミー（The National Academies of Sciences, Engineering, and Medicine）の「英語を学ぶ児童生徒・青少年の教育的成功の促進」（Promoting the Educational Success of Children and Youth Learning English: Promising Futures）というもう１つの大規模な研究成果です。その結論は次のようなものです。

> 「英語のみのプログラムで指導されたEL（英語学習者）の結果と、バイリンガルプログラムで指導されたELの成果を比較した評価研究を統合してみると、測定された英語力にまったく差がない、あるいはバ

10　Fred Genesee, Kathryn Lindholm-leary, Bill Saunders, and Donna Christian (2006). *Educating English Language Learners: A Synthesis of Research Evidence*. Cambridge University Press.
11　全米国立科学・工学・医学アカデミーの研究結果については、レクチャーⅠの本文（p.28-29）、資料 レクチャーⅠスライド10（p.178）で言及している。

イリンガルプログラムのELの英語力の方が、英語のみで指導されたELを上回るという結果が出ている。」

そして、過去5、6年の間に発表された研究も、この結論をさらに強めるものになっていたのです。そして次のように指摘しています。

「十分時間をかけて長期的に指導言語の影響を追跡した最近の2つの研究では、**ELにとって利点が多かったのは、英語オンリーのプログラムではなく、バイリンガルプログラムの方であった。**」　　(p. 280)

(4) L2イマージョンやバイリンガル教育でも、2つの言語を切り離して指導すべきだと考えるプログラムが多い

しかし、これまでのイマージョン教育やバイリンガル教育のプログラムは、2つの言語は別のものとして考えるべきだという前提のもとに生まれています。すでにパート1 (p.83) で述べたように、私はこの指導原理を「2つの孤独」と呼んでいます。この主張をする人たちは基本的に、第1言語が第2言語の学習に「干渉」しないようにするために、学びのプロセスにおいてL1とL2とは互いに可能な限り切り離すべきであると主張しているのです。

これとは反対の主張は、そして私はこちらの方を支持するわけですが、「クロスリングィスティック・トランスファー」（Cross-linguistic Transfer、言語間転移）です。これは、**児童生徒が2つの言語を意味のある形で産出面でコンタクトするように教師が一貫して奨励することによって、第2言語イマージョンやバイリンガルプログラムにおけるさらなる成功につながる**、という主張です。この「転移を目指した教育」(teaching for transfer) は、言語間の処理プロセスを強化し、2言語の類似点や相違点に対する気づきを高めるのです。

2.5　ウォレス・ランバートのモノリンガル指導原理

1960年代と70年代、またそれ以降も、第2言語イマージョンプログラ

ム、つまりフレンチイマージョンプログラムを分析・評価した著名な研究者であるランバート（1984）[12]が、モノリンガル指導原理（the monolingual principle）について極めて明確に論じています。その論文のなかでランバートはこういっています。

> 「教師は目標言語のモノリンガルとしての役割を果たすのであって、使用言語を切り替えたり、教材をもう一方の言語で見直したり、教師と生徒の交流に子どもの母語を使用したりすることはなく、バイリンガルとしてのスキルはまったく必要とされない。したがって、イマージョンプログラムでは、バイリンガルが2つの独立した［モノリンガルの］指導ルートを通して育つのである。」　　　　（1984, p.13）

　つまり、ここでランバートが主張しているのは、第2言語イマージョンプログラムや広義のバイリンガルプログラムでは、2つの言語をそれぞれ別個に切り離して使用するべきだということです。教師は言語のスイッチなしで、目標言語のみを使用します。フランス語イマージョンプログラムの低学年や、米国のスペイン語イマージョンプログラムでも、子どもの家庭言語を教えているのを見ましたが、それぞれの言語は別々の先生が教えていて、同じ先生が教えている場合でも英語を教える時は英語のみ、フランス語やスペイン語を教えている場合ならフランス語やスペイン語のみを使用するという形で指導されており、言語間のスイッチはあってはならないものとされています。そしていうまでもなく、この指導原理では1つの言語からもう1つの言語へ翻訳するという言語間の翻訳が、適切なものとして使われることは決してないのです。

12　ウォレス・ランバート（Wallace Lambert）はカナダのマギル大学教授で、1950年代から80年代にかけて、フレンチイマージョン教育やバイリンガル教育に多大な貢献をした心理言語学および社会言語学の権威である。特に第2言語学習における動機づけ、バイリンガル使用の社会的、認知的、心理学的要因に関する理論は大きな影響を与え、「バイリンガル教育の父」と呼ばれている。

2.6　モノリンガル指導原理は何が問題なのか

では、モノリンガル指導原理は、どこが問題なのでしょうか。

私ばかりでなく、他の人たち、例えばオフェリア・ガルシア教授の研究でも明らかですが、この指導原理の問題は、2つの言語で成長しつつある児童生徒の知的能力やリテラシー能力を人前で披露する機会をほとんど与えず、児童生徒の教育上の可能性を制限してしまうことです。

児童生徒の言語が互いに切り離されているため、教師は2つの言語の関係についての指導はしません。例えば、日本語と英語という2つの言語の関係性は、スペイン語と英語、フランス語と英語といった2言語と比べると、はるかに少ないかもしれません。それでも2つの言語での指導を互いに整合させたり関連づけたりする方法はあります。例えば、まとまりのあるエッセイや作文の書き方について指導する場合、児童生徒に作文や小論文の段落構成について教えるなど、どんな言語でも行うことができます。言語と言語の間には、相通じる部分が必ずあるものです。

また「2つの孤独」の考え方では、2言語を使って本を書いたり（dual language books）、教室でのプロジェクトやグループ活動で両方の言語を使ったりすることはあり得ません。それはこうした活動が翻訳を伴うからです。フレンチイマージョンのプログラムでは、フランス語と英語と2つの言語をそれぞれ別個に分けて使っているために、バイリンガルの子どもたちが教室で奨励されるような、2言語を関連づけて同時に使う経験が得られないのです。

さらにモノリンガル指導原理では、通常、教師がL1とL2の文法構造を対比させたりして、言語の仕組みに対する児童生徒の気づきを高めるというようなことはしません。つまり、「2つの孤独」のアプローチに対する批判は、2つの言語が意味のある形で産出面で接触する機会（productive contact）が失われることです。さらに付け加えると、生徒が第2言語を通して教科内容を学ぶ際に経験する「再処理プロセス」を効率的に行う機会を失うという点でも批判の対象となるのです。

パート3 「マルチリンガル・ターン」の出現と「クロスリングィスティック・トランスファー」を目指す教育

　それではパート3に移りましょう。「マルチリンガル・ターン」(The Multilingual Turn)とはどのような意味なのか、そして「クロスリングィスティック・トランスファー」(Crosslinguistic transfer、言語間転移)とはどのようなものかについてお話ししたいと思います。

　「マルチリンガル・ターン」という用語を使った本がこれまで何冊か出版されていますが、そのうちの2冊を資料 レクチャーⅢ スライド19(p.215)に示しておきました[13]。基本的にこれらの著者たちの主張は、マルチリンガリズムが世界的規模で社会の基準になりつつあるという事実を考慮に入れるべきだということです。つまり、すべての言語学習者がモノリンガルで、ただ単に**第1言語に第2言語を加えるというスタティック（静的）な関係**ではなく、**言語間のダイナミックな相互作用や言語間のつながり**に目を向けるべきだという主張です。

3.1　クロスリングィスティック（言語間転移促進）教育論

　すでにレクチャーⅠ (pp.32-33)でもこの点について触れましたが、もう一度、言語間転移促進教育論に関わる用語を整理すると、次ページのスライドのようになります。

　トランスランゲージング教育論やクロスリングィスティック教育論について語る時、さまざまな用語が使われてきました。まず「トランスランゲージング」(Translanguaging)、「ヘテログロシック指導方針」(Hetero-

---

13　カミンズ教授が言及した「マルチリンガル・ターン」（多言語使用への方向転換）をタイトルに含む著書は、次の2冊である。
・Steven May (ed.) (2014). *The Multilingual Turn: Implications for SLA, TESOL, and Bilingual Education*. New York: Routledge
・Jean Conteh and Gabriela Meier (eds.) (2014). *The Multilingual Turn in Languages Education: Opportunities and Challenges*. Multilingual Matters

> ## クロスリングィスティック（言語間転移促進）教育論
>
> 過去10年以上にわたり、教育論上同じ方向性を示すさまざまな用語が使用されてきた。
> - トランスランゲージング
> - ヘテログロシック指導方針
> - マルチリンガル・ターン
> - 複言語教育論
> - バイリンガル教育ストラテジー
> - インターリンガル指導
>
> ■ これらのストラテジーに共通しているのは、バイリンガル育成における「二つの孤独」という指導原理の否定と、言語間転移のための指導に対するコミットメントである。
>
> ■ 以上のストラテジーは、バイリンガル教育だけでなく、社会の主要言語を使って教えるマルチリンガル教育環境にも適用できる。

資料 レクチャーⅢスライド20（p.215）

glossic instructional orientation）、「マルチリンガル・ターン」（the Multilingual turn）。さらに「複言語教育論」（Plurilingual pedagogy）はヨーロッパの文脈で広く使われています。私は「バイリンガル指導ストラテジー」（Bilingual instructional strategies）という用語を使ってきました。また言語をつなぎ、言語を超えた転移のための指導に焦点を当てた「インターリンガル指導」（Interlingual teaching）もよく話題になります。

　これらのストラテジーに共通しているのはバイリンガル育成のための「2つの孤独」アプローチに対する否定であり、言語間転移のための指導に対するコミットメントです。これらのストラテジーは、マイノリティ児童生徒のバイリンガル教育や第2言語イマージョンの文脈のみならず、社会のマジョリティ言語を指導するバイリンガル・マルチリンガル教育にも適用されます。次に、その例をいくつか紹介したいと思います。

3.2　クロスリングィスティック教育論と複言語主義
——産出面における言語間のコンタクトの促進

　まず、複言語主義という概念について考えてみましょう。先ほどお話ししたように、この用語はヨーロッパにおける欧州評議会の研究の結果、広く用いられるようになったものです。

　ヨーロッパでは、多くの研究者が2つ以上の言語の知識について話す時

に「多言語主義」(マルチリンガリズム) ではなく、「複言語主義」(plurilingualism) という用語を使っています。これらの2つの用語に実際に違いがあるかどうかはここでは触れませんが、ヨーロッパでは「複言語主義」が広く用いられ、北米では「マルチリンガリズム」が広く用いられている点は注目すべきです[14]。

資料 レクチャーⅢ スライド21 (p.216) のように、研究者たちはこの「複言語主義」という概念を、バイリンガルや複言語話者の言語レパートリーが動的に統合され、交差する性質を指すものとして発展させてきました。私のトロント大学の同僚であるエンリケ・ピカルド (Piccardo, 2016) は、この理論的背景の教育上の意味を次のように表現しています。

> 「複言語の教室とは、コミュニケーションを最大限活発にし、両言語を通して教科学習と複言語・複文化に対する気づきを『促進』するために、教師と児童生徒が教室内に存在する言語的多様性を受け入れ、活用するという教育戦略の追求の場である。」 (p.7)

いい換えれば、教師の指導方針として目標言語と児童生徒の母語がつながるように指導すべきだということです。

私は「クロスリングィスティック教育論」ということばを使い、教師は言語間の転移を目指して教えるべきであると主張しました。これは、レクチャーⅠとⅡですでにお話しした「共有基底言語能力」という概念に基づいたものです。その後、研究仲間 [ブリティッシュ・コロンビア大学教授] のマーガレット・アーリー (Margaret Early) とともに行った研究 (例: Cummins & Early, 2011) では、言語学習プロセスにおけるアイデンティティの肯定と交渉の役割についても強調しました。ここで重要なのは、生徒が

---

14 「多言語主義」と「複言語主義」の違いについて詳しく論じているカミンズの論文: Cummins, J. (2022b). Evaluating theoretical constructs underlying plurilingual pedagogies: Teachers as knowledge-generators and agents of language policy. In E. Piccardo, A. Germain-Rutherford & G. Lawrence (Eds.), *The Routledge Handbook of Plurilingual Language Education* (pp. 112-129). New York: Routledge.

「アイデンティティ・テキスト」と呼ばれるものを両言語で作成し、2つ以上の言語の両方が伸びていることを示すことができれば、バイリンガルやマルチリンガルとしての自分のアイデンティティが肯定され、これが言語学習へのさらなる取り組みを促すということです。つまり、自分のアイデンティティを肯定すること、その言語に対して自分の一部としてオーナーシップ（ownership）を持つこと、これらが「（言語を使って）パワフルなこと」をすることによって生まれるのです。ここからは、これらの概念についてさらに詳しく説明しましょう。

3.3　共有基底言語能力モデル──クロスリングィスティック・トランスファーを目指す教育の実証的根拠──氷山の喩え

　では、「共有基底言語能力」とは何でしょうか。これは、1970年代以降のバイリンガル教育の研究を見ていて、バイリンガル教育や第2言語イマージョンの研究で、児童生徒の母語と第2言語のリテラシー能力や語彙の知識などの間に強い関係があることを説明するために、この**「共有基底言語能力」**や**「2言語相互依存」**という概念を私が提案したのです。特に小学校の子どもたちには、こうした関係が強く見られました。つまり、表層面ではそれぞれ特徴のある別個の言語ですが、より深いレベル、認知言語処理のレベルでは、言語間で多くの重複や相互依存性があることが示唆されているのです。私はこれを**氷山の喩え**を使って説明しています[15]。氷山というものは表層面では、水面下にあるもののほんの一部しか見えていません。ロジャー・シュイ（Roger Shuy）[16]という応用言語学者が1970年代に、言語能力は氷山のようなもので、学校での成績や、より複雑な言語インプットの処理には表面下にあるものの方がはるかに重要で、これはアクセントや流暢さといった表面上にあるものとはまったく異なる、という指摘をしました。この考え方をもとにバイリンガル、ひいては多言語主義を

15　レクチャーⅠ（p.30）の氷山の喩え、また資料 レクチャーⅢスライド22（p.216）を参照のこと。
16　ロジャー・シュイはジョージタウン大学の教授で社会言語学者。マイノリティ児童生徒のために法社会学の立場からRoger W. Shuy, Inc.（1982～2014）を設立している。

二重の氷山と見なすことができると、私は述べたのです。表層面では、言語の特徴が区別できても、より深い深層面では、目には見えない共有面があるということです。すべての側面が言語を超えて転移するわけではありませんが、特に概念的な発達については多くの側面で転移しますから、言語間で重なり合い、ダイナミックな相互依存関係があるのです。

3.4 カヒカテアの木の喩え

これもレクチャーⅠ（pp.30-31）、レクチャーⅡ（pp.54-55）で述べたように、数年前ニュージーランドの研究者であるソフィ・タマティが博士論文[17]で提案した、実にパワフルで有益な喩えがあります。タマティは、ニュージーランドに自生するカヒカテアという木を喩えとして用いて、言語間のダイナミックな相互依存関係を視覚的に説明したのです。この木は非常に湿った土地に生育しているため、強度を増すために木の根は水平に広がり、互いに結合しているのです。そのため、表面では個々の木を区別することができても、より深いレベルでは、すべての木の間にダイナミックな相互依存性が存在するのです。そしてタマティは、言語もこれと同じだと指摘しています。より深いレベル、つまり表面下では、私たちの言語知識について多くの相互関連性とダイナミズムが起こっています。この点は、脳の神経学的研究や、言語がどのように相互作用するかを調べる認知面の研究によってさらに強まっています。以上の2つの喩えは同じことを指していて、カヒカテアの木の比喩は、氷山の比喩よりも鮮烈に、言語間の動的な相互作用をよりよく捉えています。ただ氷山の喩えは、言語間に強い相関関係が見られるのがリテラシー関係のスキルに関する研究結果であることや、バイリンガルプログラムの児童生徒が指導時間の50％以上をマイノリティ言語で学んでいても、主要言語のスキルの発達に悪影響が

---

17 Sophie Tauwehe Tamati（2016）「バイリンガル教育のためのトランスアクイジッション［Transacquisition］ペダゴジー：Kura Kaupapa Māori 校における研究」（Auckland 大学博士論文）。マオリ語は、ニュージーランドの先住民族であるマオリ族が使うことばで、英語と同様に公用語である。Kura Kaupapa Maori 校は、マオリ語とその文化の促進を目的とした教育法（1989 年）に基づいて設立されたマオリ語のイマージョン学校である。

ないという事実を説明するために考案されたものです。つまり、どちらの喩えも有効であり、やや異なるデータを説明することを目的としていますが、同じ一連の現象を指し示しているのです。

3.5　共有基底言語能力と言語間転移促進には圧倒的な研究の裏付けがある

　共有基底言語能力や言語間転移促進を裏付ける研究を調べてみると、先ほど述べたように、膨大な量の研究があります。レクチャーⅠの3.1（pp.28-29）で触れたように、全米国立科学・工学・医学アカデミー（NASEM）による米国の言語マイノリティの英語学習者に関するコンセンサス研究によると、バイリンガルの2言語がそれぞれ別個に存在するのではなく、逆に互いにインターアクティブに関わり合うものだということが明らかになっています。バイリンガルの2つの言語は、コミュニケーション、思考、問題解決のために複数言語の習得と使用を可能にする認知的、概念的基盤を共有しているということです。そして、このような研究は1960年代にまで遡り、今でも増えつつあるという指摘をしています（NASEM, 2017, p.245）。

　このようにバイリンガルの2つの言語が認知的、概念的基盤を共有していることから、NASEMが次の2つの結論を導き出しています（資料 レクチャーⅢスライド24［p.217］）。

> 結論6-3：バイリンガルの2言語は、それぞれ別個に発達するわけではない。2言語の学び、プロセス、その使用の間には、明らかに有意の相関関係があること、さらに強力なL1がL2の英語力をサポートすること、これらが実証的研究で明らかになっている。
> 結論6-4：英語学習者（EL）のL1のリテラシーの力と第2言語である英語のリテラシーの発達には強度な正の相関関係がある。
> 　　　　　　　　　　　　　　　　　　　　　　　　（NASEM, 2017, p.245）

　つまり、「共有基底言語能力」という概念と実際に起こる言語間の転移について、強力な実証的報告があるということです。

3.6 児童生徒の多言語レパートリーの活用——言語間転移の体験

共有基底言語能力の言語間転移は、質的な研究でも見ることができます。私がマーガレット・アーリーと共に編集した本[18]では、英語を学んでいる児童生徒の体験をいくつか取り上げています。例えば英語オンリーのコンテクスト、つまり、英語のみで授業を受ける学校に通っている生徒の例です。さまざまな言語を母語とする生徒がおり、ほとんどの教師は生徒の言語についてまったく知識がありません。それでも、なかには生徒自身の言語を強力に授業に取り入れることに成功した教師もいました。そのなかの1人がリサ・レオニ先生のような教師で、両方の言語でプロジェクトを実行することを生徒たちに奨励したのです。レオニ先生は、生徒が課題作文を書いたり、[自由に好きな]物語を書いたりする時、最初は第1言語で書き、その後、第1言語から英語に翻訳することを奨励したのです。また、ある言語から別の言語への翻訳を手助けする方法も見つけました。たまたま同じ学校のなかにいるその言語が話せる教師に助けてもらったり、翻訳のとっかかりに電子翻訳プログラムを活用したりしながら、ほかの教師や生徒たちも協力して生徒の母語を英語に書き換えるのです。そうしてできあがったのが、バイリンガルの本です。レクチャーⅡですでに紹介しましたが (p.56-58)、英語を学び始めて1年目のAminahやHiraが、英語を学ぶ過程で母語を使った経験について語ることばに耳を傾けてみてください。2つの言語が頭のなかで強力かつダイナミックに互いに影響し合っていることが分かります。

3.7 アイデンティティ・テキスト

子どもたちが2言語の本を書いた時にどんなことが起きるのか見てみましょう。リサ・レオニ先生のクラスや、このプロジェクトに参加しているほかの先生のクラスでも、以上のような例がたくさんあります。すでに資

---

18 Cummins, J. & M. Early (2011). *Identity Texts: the collaborative creation of power in multilingual Schools*. Stoke-on Trent, England: Trentham Books

料レクチャーⅡ スライド11〜12 (p.193)や資料 レクチャーⅢ スライド26 (p.218)で触れたように、私たちはこのことを「アイデンティティ・テキスト」という用語で表現しています。もともとこの用語は、教室の教師の指揮のもとに生まれた教育的空間（the pedagogical space）のなかで行われた生徒の創作活動やパフォーマンス等の成果物全体を表現したものです。この教育的空間では、明らかに学びが起きていましたが、同時に、アイデンティティの交渉も行われていました。もし、移民的背景のある子どもたちに対して母語を話すことを禁止したり、罰を与えたりして、教室を「英語オンリー」ゾーン（英語しか使ってはいけない場所）、「日本語オンリー」ゾーン（日本語しか使ってはいけない場所）と限定したら、それは生徒に対して、どの言語を使うべきかという具体的なメッセージを送るだけでなく、彼らのアイデンティティに関するメッセージも送ることになるのです。学校のなかにはあなたの母語の居場所はありませんよ、といっているのです。それは、つまり、意図的な拒否ではないにせよ、その子の言語だけでなく、その子自身をも否定するメッセージなのです。つまり第1言語の使用が奨励される環境のなかでこそ、生徒たちはアイデンティティ・テキストの作成に自らのアイデンティティを投資して取り組むのです。

　私たちは「テキスト」ということばを広義に使っています。ですから、文章だけでなく、音声、映像、音楽、演劇、あるいはマルチモーダルなさまざまな形態の組み合わせが可能です。また生徒が作成したアイデンティティ・テキストがビデオであっても、自分のアイデンティティを投資して作った成果物であれば何でも構いません。いったんそうしたテキストが世に出れば、それがどんな形であれ、文章であれ、2言語の本であれ、ハードコピーであれ、ウェブ上であれ、それは生徒のアイデンティティを肯定的に映し出す鏡となります。生徒たちが自分の作品を多くのオーディエンス（聞き手、あるいは読者）、例えば、クラスメート、教師、両親、祖父母、また他の国の姉妹校とオンラインでつながっていれば、そこの生徒たち、またメディアに2ヵ国語で取り組んでいることを取り上げてもらうなどして多くのオーディエンスに見てもらう時、これは生徒にとってポジ

ティブなフィードバックとなり、これらの読者との対話によって自己肯定感を生み出す可能性があります。つまり、**第2言語と第2言語でのリテラシーは、肯定的なアイデンティティの強化、拡張につながり、その結果、さらにリテラシーへの関与を強めることにつながるのです。**

3.8　トマーのヘブライ語と英語の二重言語の本（アイデンティティ・テキスト）

レクチャーⅠ（pp.34-36）で紹介したトマーの話[19]、「トムはケンタッキーに行く」を思い出してください。これもリサ・レオニ（Lisa Leoni）先生のクラスに1年前にイスラエルから来た6年生の児童の話です。

トマーはイスラエルの農業地帯で育ちました。彼は馬に夢中で、馬のことをよく知っていました。ある時クラスで先生が児童たちにどんな話でもいいから書きたいことを書くようにと指示しました。これは6年生のカリキュラムの必修の一部で、6年生というと12歳くらいになります。教師は、トマーが英語で書くことだけに縛りつけていたら、ほとんど何も書けないだろうと思っていました。彼はまだ英語を習い始めて1年目だったからです。でも、母語で書けば、自分がどのぐらい書く力があるか、どんなことを考えているのか、クラスメートや先生たちに伝えたいことは何かなど、もっと自分の気持ちが伝わるように書けるはずです。ですから先生はトマーに母語で書くように勧めたのです。そして、ヘブライ語を少し知っている教師が学校にいて、彼が書いたものを英語に翻訳するのを手伝い、その結果2言語の本ができあがったのです。

トマーは洞察力のある少年で、母語を使って書いたことについて次のように語っています。

> 「来たばかりでなんか分からない時は赤ん坊みたいだから、自分のことばを使うのはとても役に立つと思います。[残念なことに、世界中の多くの移民の生徒が自分のような経験をしています。]英語が分からなくて、

---

[19] トマーの話は次の3つのスライドで取り上げている。資料 レクチャーⅠスライド18（p.182）、レクチャーⅡスライド11（p.193）、レクチャーⅢスライド27（p.219）。

全部最初から学ばなくちゃいけない。でももし別のことばで知っていたら、それはもっと簡単で、翻訳できるし、自分のことばでもいえるし、第2言語を理解するのももっと簡単になります。」

つまりトマーは、この二重言語の本を書く時に、2つの言語の意味のある接触を通して言語間のダイナミックな相互作用があること、について話しているのです。トマーはさらにこうもいっています。

「最初はリサ先生が何をいっているの分かりませんでした。分かったのはヘブライ語っていう単語だけでした。でも、自分の母語でやってもいいよ、といってくれてすごくよかったと思います。だって、手を動かさずに、ただぼうっと座っているわけにはいかないから……。」

この二重言語の本を書く過程で、一体何が起こったのでしょうか。教師はまずトマーに母語で物語を書くことを勧め、その英語版を作る活動を促すことによって、トマーの**第1言語と第2言語を意味のある形でつなげた**のです。トマーにとっては、自分の第1言語が第2言語の教科学習言語の学習の足場かけになったのです。もしトマーに、英語版の彼の物語を彼が自分の物語を母語で書き上げる前に渡したとしたら、彼はそれを読むことができなかったでしょう。でも、自分で書いて翻訳した後でなら、彼はその物語の意味が分かったのです。それは自分で書き上げた物語を教師の助けを借りながら、自分で英語に訳すという作業をしたからです。つまり、この過程で膨大な量の言語学習が行われたということです。トマーはリテラシー［の獲得］に積極的に取り組んでいました。リテラシーへの取り組みは、生徒が**第1言語で読む時、生徒の第1言語が伸びるだけでなく、第2言語の力も同時に伸ばす強力な指導法であること**を示す研究が数多く発表されています。それらは、どれも指導を生徒の生活と結びつけ、生徒のアイデンティティを肯定しているのです。学校内でのアイデンティティの確立という点から見ると、トマーは、第2言語としての英語を学ぶ生徒つまり英語をあまり知らない生徒という立場から、突然、実に魅力的で面白

い本が2ヵ国語で書ける著者となり、2ヵ国語の知識に加えて、伸びつつある2ヵ国語のリテラシーの力を多くの人に披露することができたのです。彼は、ヘブライ語版の物語をオンラインでイスラエルの友人に送り、「このウェブサイトを見てくれ、僕の物語が載っているよ、本当に誇りに思っているんだ」といいました。

　以上の指導方針の要点をまとめると、以下の5点になります。

- 書くことを通して第1言語と第2言語を意味のある形で接触させること
- まず第1言語で書くことを通して、第2言語の教科学習言語の学習の足場かけをすること
- リテラシーと取り組むこと
- 指導内容を生徒の実生活に結びつけること
- アイデンティティを肯定すること

3.9　言語間転移のタイプ

　では、何が言語を超えて転移するのでしょうか。言語間の転移というと、具体的にはどのようなことを指すのでしょうか。レクチャーⅠの3.4（pp.31-32、資料 レクチャーⅢスライド28［p.219］）に5種類の転移のタイプがまとめてあります。

　状況によって変わりますが、もっとも一般的なのは概念の転移です。例えば、ブラジルから日本にやって来た10歳、11歳、12歳のブラジル人児童が、理科で「光合成」についてすでに学んでいるとしましょう。その概念については理解しているのですから、もう一度その概念を学び直す必要はありません。その概念について日本語でどう表現するかということを学ぶ必要があります。言語にもよりますが、例えば、「光合成」の接頭辞であるphotoは、ギリシャ語で光を意味することばからきているので、多くの言語で共通の意味があります。

　音韻認識、つまり単語がさまざまな音で構成されているという知識は、多くの言語間で転移します。言語によっては、形態素の認識、例えば語根、

接頭辞、接尾辞など、単語がどのように形成されるかという認識は、英語などの言語では転移する可能性がありますし、認知・言語ストラテジーの転移、例えば視覚化や、グラフィック・オーガナイザー、記憶方略、語彙獲得ストラテジーの使用なども転移することがあります。つまり、私たちが相互依存について語る時、それは単に言語的な要素だけではないのです。

3.10　トランスランゲージングの定義

それではトランスランゲージングについて見てみましょう。これは**クロスリングィスティック教育論**を語る時に使われる用語の1つです。

この用語の使い方は、他の人の定義と少し違いますが、私はこう定義しています。

> 「教育的トランスランゲージングとは、児童生徒が教科の課題や活動を行う際に、生徒自身が持つマルチリンガルな言語レパートリーをすべて使えるように計画（デザイン）された指導のことである。」

(資料 レクチャーⅢスライド 29 [p.220])

「トランスランゲージング」という用語自体は新しいのですが、こうした現実は以前からありました。実は、この用語が教育界の主流になるずっと前から、さまざまな状況で教師はこの種の指導を行っていました。そしてそれを示すさまざまな文献があります（例：Auerbach, 1993; Defazio, 1997; Lucas & Katz, 1994; Chow & Cummins, 2003; Cummins & Early, 2011; Garcia & Sylvan, 2011）。しかし、2000年代後半にガルシアらがこの概念を精緻化し（Garcia, 2009）、幅広くカリキュラムや指導に役立つリソースの開発（例：Celic & Seltzer, 2011/2013）、トランスランゲージング教育論の可能性に対する認識が劇的に高まったことで、教室の授業のあり方の探究が進みました。特にインターナショナルスクール関係ではその傾向が顕著に現れています。

3.11 トランスランゲージングの起源——ウェールズ語と英語のバイリンガル教育

トランスランゲージングという用語はどこから来たのでしょうか？ その起源は、ウェールズ語と英語によるバイリンガル教育にあります。その教育においてセン・ウィリアムズ (Cen Williams, 1994, 1996, 2000) は当初、ウェールズ語と英語のバイリンガル教育において、インプットの言語とアウトプットの言語を体系的かつ意図的に使い分ける、あるいは交替させることを意味する用語として使い始めました。例えば、ある概念、光合成のような概念をウェールズ語で教えたとします。その宿題で生徒が家に帰って光合成について調べる時、ウェールズ語よりも英語の方がより多くの資料が見つかるでしょう。ですから、教科内容はウェールズ語で教えますが、生徒はそれについて英語で読んだり書いたりして、また（教室に）帰ってきてウェールズ語で話し合ったりします。ですから、体系的かつ意図的に言語を切り替えることができるのです。ウェールズの研究者であるルイス、ジョーンズ、ベイカー (Gwyn Lewis, Bryn Jones & Colin Baker, 2012) は、教育的トランスランゲージングとは、「1つの言語でコード化された情報をもう1つの言語で表現する際に生じる言語間の意味上のリマッピング (crosslanguage semantic remapping) によって、より効果的な学習を可能にすること」(p.650) と述べています。つまりパート2 (p.93) で先ほどお話しした「言語間の認知的再処理」(crosslinguistic cognitive reprocessing) の概念にかなり類似した概念なのです。

3.12 一元的トランスランゲージング理論（UTT）

さて、ガルシアらが推進してきたトランスランゲージング理論の新しいバリエーションは、「一元的トランスランゲージング理論」と呼ばれています。ガルシアはその著書『21世紀のバイリンガル教育』(*Bilingual Education in the 21st Century: A Global Perspective*) (2009) のなかでこの理論について詳しい説明をし、それ以来、何千もの論文において主にガルシアの研究に基づいたトランスランゲージングについての議論がされています。そこで、私はこの**「一元的トランスランゲージング理論」**を Unitary

Translanguaging Theory（UTT）と呼んでいます。この主張の中心は、**マルチリンガルの言語システムは、内部的に一元的で未分化であり、言語的現実も認知的現実もないために、分割することができない**ということです。ただ個々の言語には社会的な現実があり、それを認めてガルシアらは、それを「固別言語（named languages）」と呼んでいます。言語が単なる名前であり、実際にはリアリティがないことを強調するためにそう呼んでいるのです。

　しかもUTTは、内部認知システムが言語的に未分化であると主張するだけではなく、**共有基底言語能力（Common Underlying Proficiency、CUP）**など、クロスリングィスティック教育論に関連するいくつかの重要な理論的概念も否定しています。例えば、**「共有基底言語能力」**に加えて、**「言語間の転移を促進する指導」**（teaching for crosslinguistic transfer）も否定し、教師が児童生徒の家庭言語に社会の主要言語を加えるように奨励しながら両言語を伸ばそうとする**「加算的バイリンガリズム」**（additive bilingualism）の概念も、また会話に使う言語と区別される**「アカデミック言語」**という概念[20]も否定しているのです。つまり、複数形の言語は、私たちの認知システムのなかに存在しないのだから、言語を超えた転移のための指導について語ることは無意味だと、彼らは主張しています。

　UTTはコードスイッチング（codeswitching）という概念も否定しており、この問題については米国の応用言語学者であるジャック・マックスワン（Jack MacSwan, 2017, 2022）とガルシアらの間で、非常に興味深いやり取りがありますが、ここではそれには立ち入らないことにします。今回のレクチャーⅢのポイントが**教育的トランスランゲージング**だからです。

20　カミンズは、「ガルシア教授とその同僚たちが『アカデミック言語』という概念を、本質的には少数派の子どもたちの言語力と認知力に対するマイナス志向の『人種差別的な概念』、として強く批判しているが、それはナンセンスだと思う」と述べている（理由は、2021 年のカミンズの新著 Rethinking the Education of Multilingual Learners［pp.152-208］を参照のこと）。『トランスランゲージング・クラスルーム』（Garcia, et al., 2017）では上記のような批判はなく、「トランスランゲージング（例えば、言語を超えた転移のための教育）が、確かにアカデミック言語の理解と使用における生徒の習熟度を伸ばす有用な指導戦略となり得る」と前向きなコメントが書かれている（p.11）。

3.13　一元的トランスランゲージング理論（UTT）の主張

　ガルシアらの主張は、すでにほとんどお話ししましたが、もう一度ざっと見てみましょう。ガルシアらは、languagingやtranslanguagingという動詞形には正当性があるが、"language"という名詞形は正当性を欠くと主張しています（例：García, 2009）。また、コードスイッチングは2つの言語の存在を前提としている点で、正当性を欠くモノグロシックな構成概念（monoglossic construct）であり、また同じ理由で、加算的バイリンガリズムという概念も否定しています（Otheguy et al., 2015, 2019）。同様に、共有基底言語能力や言語間転移のための教育も、バイリンガリズムに対するモノグロシックな概念を示唆するとして、否定しています（García, 2009; García & Li Wei, 2014）。

　さらに、ガルシアのチームメンバーや共同研究者（Garcia & Li Wei, 2014）のなかには、「『アカデミック言語』とは人種差別に基づく言語学的イデオロギーであり、差別された学生には言語的に欠陥があり、修復（remediation）が必要だと決めつけているようなものである」という主張をする研究者もいるのです（Flores, 2020, p.22）。さらに、マイノリティ児童生徒の2言語育成における加算的アプローチが、人種差別的イデオロギーに根ざすものであるという主張もあります（Flores & Rosa, 2015）。

　これらの問題すべてに触れることはできませんが、一元的トランスランゲージング理論のなかで、多くの過激な主張がなされていることはお分かりいただけると思います。これらの問題については、Rethinking the Education of Multilingual Learners: A critical analysis of theoretical concepts（Cummins, 2021a）という私の新著でかなり深く掘り下げて分析しましたが、ここでは、ガルシアらの主張の中核にある**「バイリンガルの言語システムは単一であり未分化である」**という主張だけに注目することにしました。なぜなら、他のすべての主張はこの中心的主張に起因するものだからです。

3.14　クロスリングィスティック・トランスランゲージング理論（CTT）の主張（remediation）

　私は、「一元的トランスランゲージング理論」ではなく、「クロスリン

グィスティック・トランスランゲージング理論」(Cross-linguistic Translanguaging Theory) を提唱しています。つまり、私はトランスランゲージングの概念を否定しているわけではなく、私たちの認知システムのなかに複数の言語が存在するという概念を保持しながら同時に言語間のダイナミックな相互作用を支持することができる、といっているのです。そして、CTTは、個人の言語・認知システムにおける複数の「言語」が実存することを肯定しています。CTTはまた、加算的バイリンガリズム、教科学習言語、そして言語間の転移を目指す指導の正当性を支持します。つまり**CTTは、個人の認知・言語機能において、言語がダイナミックに交差し、互いに関係し合うことを主張しています**。これらの概念は、マルチリンガリズムのダイナミックな概念と100％一致しています。つまり、UTTとCTTの間には明確な違いがあり、これらは実証的データによって検証することができるのです。

　言語に対する概念の正当性に対して非常に異なる主張、方向性があることは事実ですが、その一方でCTTとUTTの間には多くの「共通点」があることを無視してはなりません。例えば「共通点」として、次の5点を挙げておきます。

- CTTもUTTも、言語は社会的に構築されたものだとして捉えています。
- 指導上、2つの言語を厳格に切り離して教えることに反対しています。
- マイノリティの児童生徒が学校に持ち込む言語を価値のないものとして切り捨てることを非難しています。
- トランスランゲージング理論に対する方向性では、両者ともダイナミックなマルチリンガル認知機能を支持します。
- そして最後に、UTT、CTTともに、児童生徒の生活とつながり、その言語レパートリー全体を活用するトランスランゲージング教育論を、社会正義と教育の公正を勝ち取るための重要な要素であるという認識を共有しているのです。

つまりまとめると、CTTとUTTの主な違いは、個人の認知・言語システムにおいて、CTTは言語間の境界が流動的であるとし、一方UTTは言語の境界そのものがなく、複数形の言語も存在しないと見なすことです。つまり、日本語と英語のバイリンガルにとって、UTTでは、個人の言語・認知システムにおいて、日本語と英語の区別ができないということになるのです。

そこで、私は『多言語学習者の教育を再考する』という前掲の2021年の新著のなかで、これら対立する主張は、次の3つの観点から分析するべきだと述べています。

a) どの程度実証的な証拠に裏付けられているか
b) どの程度論理的な一貫性があるか
c) 効果的で強力なマルチリンガル教育実践の推進にどの程度の貢献ができるか

これらの分析プロセスがどのようなものかを説明するために、実証的な事例を1つ取り上げて、それに簡単に触れてみたいと思います。

3.15　UTTの主張の信頼性を評価する——バイリンガルの言語システムは単一的で未分化なのだろうか？

まず、Rakesh BhattとAgnes Bolonyai (2019) がUTTの主張に異議を唱えた論文ですが、実際には2つの論文から引用しています。失語症研究の文献レビューのなかで、バイリンガルの言語には、それぞれ個別の神経表現と神経組織のパターンがあることを示す説得力のある文献があり、その一例として、バスク語とスペイン語のバイリンガルで失語症患者JZのケースを挙げています。JZの言語機能は、それぞれの言語で著しく異なる形で、失語症の影響を受けていたのです。ここで二人が主張しているのは、2つの言語にはそれぞれ個別の神経学的な現実、また認知的な現実があるということです。なぜなら、そうでなければ失語症が2つの言語に与える影響に、このような差異を見出すことはできないと思われるからです。

そして、以下のように述べています。

> 「JZの失語症の影響は、第1言語と第2言語でその程度が異なっていた。第1言語のバスク語の方が第2言語のスペイン語よりも障害が重かったのである。特に、バイリンガル失語症テストでは、第1言語のアウトプットに障害が見られたが、第2言語は無傷であった。このように言語によって異なる言語喪失は、一元的トランスランゲージング理論では説明がつかない。一元的言語システム（a unitary linguistic system）では、なぜ1言語だけより影響を受けるかという、言語による差が説明できないのである。」 (2019, p.18)

このような調査結果は、UTTには当てはまりませんが、CTTとは一致します。なぜならそれはCTTが主張していること、すなわち言語が私たちの脳のなかに現実に存在するという主張と完全に一致しているからです。

パート4　日本および他の地域において第2言語教育に関する研究と理論が示唆するもの

さて最後のパート4に入ります。これまで述べてきたことをどのようにまとめればよいでしょうか。この研究や理論が、日本や他の国における第2言語教育にとって、どのような意味を持つのでしょうか。

4.1　示唆されること——目標言語を学ぶ上でアイデンティティへの投資の促進が必要であること、児童生徒が両方の言語（学校言語と家庭言語）を使ってパワフルなことができるようにするためのL1の役割

目標言語と積極的に関わること、聞く話すと読み書きのどちらもですが、目標言語の学習におけるアイデンティティへの投資は、効果的な学習を強力に推し進めるという結論が導き出されました。したがって、［第1の］目標は、児童生徒が目標言語を使ってパワフルなこと、つまりアイデンティティが肯定されるような活動ができるようにすることです。例えば、2言

語の本を書くのも1つの例です。また、授業の課題で両方の言語を使うこともできます。人体のさまざまな器官についてパワーポイントを作り、学校の言語に加えて（自分自身の）複数の言語でこうした器官の名前を書き込むなどがその例です。これらは、目標言語を使って強力な、いい換えればアイデンティティを肯定するような活動を生徒ができるようにすることが目標なのです。**生徒が第1言語の知識を仲間に披露できるような方法を見つけることで、単に学校の言語が不自由な生徒と見なされるのではなく、またサポートを必要とする言語学習者と見なされるのではなく、複数の言語の知識を持ち、第1言語の発達を続けながら学校の言語も伸ばしている萌芽的バイリンガルとして位置づけることができるのです。そうすることで、子どものアイデンティティが肯定され、目標である学校言語の学習への取り組みも、より促進されるのです。**

　第2に、児童生徒の家庭言語は第2言語発達の基礎となるものだということです。概念やリテラシーにおける言語間の転移を目指す教育は、強力な指導ストラテジー（instructional strategy）です。言語学習者の2つの言語を意味のある形で接触させるために、さまざまな指導ストラテジーが用いられてきました。私の著書の最後の章では、過去20年から30年の間に実施されたこうした教育方略の例を、50ページから60ページほどにわたって紹介しています。これまで述べてきたように、こうした方略は最近、**教育的トランスランゲージング**と呼ばれています。私もこの用語でよいと思うのですが、実はこの用語は私たちが何年も前から認識していた現象を指しているのです。広範囲に使われていたわけではありませんが、教師たちはその用語を使わずとも教育的トランスランゲージングを実践してきたのです。その証拠の1つとして、日本の真嶋潤子教授らの大阪の研究があります（Majima, J. & Sakurai, C., 2021; Majima, J., Nakajima, K., Sakurai, C., Sun, C., Wuriga & Yu, T., 2022）。カナダのような国とは違って、日本のやや厳しい、かつ柔軟性を欠く学校環境でも、教育的トランスランゲージングの実践としてできることがあるということが浮き彫りになっています。

4.2 「ランゲージ・フレンドリースクール」（Language Friendly School）運動

ここでお伝えしたいのは、真嶋教授らの研究が「ランゲージ・フレンドリースクール」（Language Friendly School）運動につながる実践だということです。これは、トロントの私の同僚であるエマニュエル・ル・ピション＝ボルストマン（Emmanuelle Le Pichon-Vorstman）とオランダの彼女の同僚が、多言語を話す生徒の教育にどうアプローチすべきかを語るために作った用語です。詳しくはウェブサイト（https://languagefriendlyschool.org/）をご覧いただきたいのですが、**ここで重要なのは、学校全体が、学校で用いられるすべての言語についての気づきを促進するという点です**。児童生徒が家庭言語を使って課題に取り組むことを奨励したり、学校の廊下や壁、また教室のなかでさまざまな言語が生徒の目に付くようにする、つまり、学校全体で全校生徒の多言語能力を讃えようとする、という点です。

つまり、このランゲージ・フレンドリースクール運動の核になるポイントは、**学校をまるごと言語を大切にするエコシステム、つまりそういう環境に変容する**ということです。そこでは、生徒の母語が認められ、肯定され、すべての生徒にとって、言語が自分たちの頭のなかで、家族のなかで、そして社会のなかで、どのように機能しているかが重要なのです。いい換えれば、言語がどのように認知的、かつ社会的に私たちのネットワークのなかで機能しているか、という点についての認識を高め、**生徒が自分の多言語レパートリー全体を強力な［アイデンティティを肯定する］目的のために使用することで自らのアイデンティティを拡げること**です。これを教育的トランスランゲージングと呼んでもいいですし、ランゲージ・フレンドリースクールという用語も学校全体の運営方針を発展させるという意味で、非常に魅力的な名前だといえるでしょう[21]。

---

[21] 「言語に優しい学校作り」（Language Friendly School）とは、生徒・保護者・スタッフが話すすべての言語を歓迎、尊重する学校全体の取り組み。オランダのRutu基金とカナダの大学教授が中心になって2019年に始まったネットワークで、現在15校が登録されている。概要はhttps://languagefriendlyschool.orgを参照のこと。

4.3 日本語環境におけるランゲージ・フレンドリーな教育法——真嶋グループの例

真嶋グループの例は、まさに日本の文脈のなかで行われた10年にわたる縦断的な研究の成果です[22]。英語で出版された本があり、英語で書かれた論文もあります。日本語でも発表されていることでしょう。レクチャーⅠで述べたように、大阪の公立小学校の110人の中国系外国人児童生徒を追跡して、母語の中国語と第2言語の日本語のバイリンガル能力を評価したものです。

真嶋教授のチームの研究成果に関しては、すでにレクチャーⅠで触れましたが、以下に再度その結果をまとめてみました。

10年間の取り組みのなかで特筆すべきことは、まず中国語を使って教えていること、そして、この研究のなかでランゲージ・フレンドリーという用語が使われてはいませんが、学校が雇用した中国語のネイティブスピーカーの先生が、生徒やほかの先生たちと協力して学校をランゲージ・フレンドリーな環境に変容していったことです。

量的研究の結果としては、繰り返しになりますが、「子どもたちは日本語のリテラシーよりも日本語の会話力の方が早くネイティブ並みの流暢さに到達した」ということです。これも多くのコンテクストで報告されていることですが、日常会話力の習得よりも第2言語リテラシーの力の獲得や学力向上に時間がかかるということが分かりました。真嶋教授たちは、このような子どもたちの多くが「日本語を身につけた」ように思われた後も、数年間は教師によるサポートが必要であると指摘しています。これは実に重要な点で、カナダ、アメリカ、イギリス、その他の国々で得られた知見と重なるものです。

---

[22] 真嶋チームの調査研究は、年少者を対象とした外国人児童生徒教育のなかでも、日本の学校教育の実態を踏まえた貴重な調査研究である。まず希少な横断的研究であること、海外に紹介された数少ない国内の研究でもある。その成果は初めに日本語で刊行され、ほぼ同時に英語でも刊行、その一部が海外の学術書にも掲載されている。カミンズ教授はレクチャーシリーズのなかで、CTTの例としてその成果を高く評価、どのレクチャーでもこの調査に触れている。レクチャーⅠではスライド23、24、25、注16、注17、レクチャーⅡではスライド29、30、31、注9、レクチャーⅢではスライド39、40を参照のこと。

また、話す聞くだけでなく、中国語の読解力も身につけた子どもは、話したり聞いたりはできるが中国語の読み書きができない子どもよりも、日本語の読解力が有意に高いという結果も出ています。これも、他の研究とまったく同じ方向性を示しています。つまり、子どもが母語の読み書きを伸ばし続けながら、第2言語（この場合は日本語）をレパートリーに加えるという加算的バイリンガリズムを身につけると、それが子どもの認知発達にとってプラスの結果をもたらすことが示唆されているのです。

4.4　まとめ

最後のまとめになりましたが、結論は以下のようです。

第一に、外国語教育や移民背景の生徒の教育、さらにはバイリンガルプログラムやL2イマージョンプログラムなどにおいて、モノリンガル指導原理に基づくプログラムが圧倒的に多いのが実情ですが、それらは実証的データによって裏付けられたものではなく、一般にその実践において期待はずれの結果をもたらしているものです。「モノリンガル指導原理」と「2つの孤独」アプローチは、個人の認知システムにおける言語間のダイナミックな言語間の相互関係を無視しているところに問題があります。教師が意味のある言語間の接触を促進することで、自発的な転移が促進されるからです。

第二に、トランスランゲージングは、言語学習と言語使用の両方のプロセスにおける言語間のダイナミックな相互関係を強調するのに有効な概念です。教育的トランスランゲージングは、児童生徒が教科学習の課題や活動を行うにあたって、多言語および複数言語のレパートリーをフルに活用するものとして、実証的な研究と、生徒が言語間の意味のある接触を追求する教室での実践例によって裏付けられています。そして私は、前述したように、**このタイプのトランスランゲージング理論を「クロスリングィスティック・トランスランゲージング理論」**（Crosslinguistic Translanguaging Theory、CTT）**と呼ぶことにしました。**

第三は、ガルシア教授とそのチームが推進する「一元的トランスランゲージング理論」（Unitary Translanguaging Theory、UTT）は、多くの点で

CTTと重なる部分がありますが、言語には認知的現実がないという経験的に裏付けのない主張により、その信頼性が失われつつあります。この主張により、UTT論者は、共有基底言語能力、加算的バイリンガリズム、言語間転移を目指した教育など有用で実証的に支持されている概念を否定してしまうことになるのです。

　トランスランゲージング教育論、ランゲージ・フレンドリースクール教育論、クロスリングィスティック教育論などの具体的な事例が掲載されているサイトをいくつか掲載しておきましたので、ぜひ英語版のスライド42（p.226）も参考にしてください。

解説

言語マイノリティのための
バイリンガル・マルチリンガル教育論とトランスランゲージング教育論

カミンズ教授が示す政策のあり方・学校のあり方・教師のあり方

中島　和子
トロント大学名誉教授
バイリンガル・マルチリンガル子どもネット会長

1. はじめに

　日本の英語教育、バイリンガル教育、外国人児童生徒教育に多大な貢献をしてきたカミンズ教授ですが、日本での講演となると、私の知る限りではこれまでに4回で[1]、それに今回のオンラインレクチャー（2020～2022）が続きます。この3年にわたるレクチャーシリーズは、コロナウイルス感染拡大の渦中でカミンズ教授の多大な理解と協力を得て実現したものです。折しも世界では「トランスランゲージング教育論」の嵐が吹きまくり、言語教育を席巻しつつありました。このような状況にあるからこそ、今回のカミンズ教授の3つのレクチャーを踏まえた言語マイノリティのためのバイリンガル・マルチリンガル教育論とトランスランゲージング教育論の本の出版が、未来の年少者言語教育にとって極めて重要であると、バイリンガル・マルチリンガル子どもネット（BMCN）は判断しました。ぜひ本書が、国内外で年少者の教育に携わる多くの政策立案者・学校管理職・教員・指導員・保護者にとって貴重な指針となることを願っています。

2. レクチャーの経緯と背景

　カミンズ教授の3回にわたるオンラインレクチャーシリーズは、それぞれ独立したものです。レクチャーⅠ（2020年12月6日）は国際フォーラムの基調講演です。国際交流基金の知的交流会議助成プログラムの助成金を得て開催したもので、参加者が42ヵ国、1000人以上に及ぶ大規模な取り

---

[1] これまでの日本での4つの講演は1）「言語学習とバイリンガリズム」（Language Learning and Bilingualism）（上智大学言語学研究所, 1989）で、SOPHIA Linguisticaの Working Papers in Linguistsの Vol.19に収録。2）『多言語・多文化コミュニティのための言語管理——差異を生きる個人とコミュニティ』という国立国語研究所の国際会議での講演「教室と社会におけるアイデンティティの交渉」（1997 和訳つき）。3）「学校における言語の多様性——すべての児童生徒が学校で成功するための支援」、母語・継承語・バイリンガル（MHB）主催の講演会（2006, 名古屋外国語大学）。4）基調講演「越境する言語——複数言語環境の子どもたちのために教師ができること、行政がすべきこと」大阪大学主催のユネスコ母語デー記念学術講演会（真嶋編, 2011：103-111を参照のこと）。

組みでした。ちょうど**「日本語教育推進法」**（2019年）[2]が制定された翌年であり、その法案のなかで年少者の母語・家庭言語の重要性が「日本語教育は（…）家庭における教育等において使用される母語の重要性に配慮して行わなければならない」（第3条第7項）と明記されたこともあり、カミンズ教授の講演でフォーラムを締めくくることができたのは実に時宜に適ったことでした。レクチャーⅡ（2021年9月3日）とレクチャーⅢ（2022年10月3日）はBMCNの年次大会の基調講演です。折しも「日本語教育推進法」の基本方針（2020年）が打ち出され、年少者日本語教育の担い手となる政府機関（国際交流基金、海外子女教育財団、国際協力事業団）が示唆されました。この関係で2021年のBMCN年次大会では、本書の「出版にあたって」に述べられているように、国際交流基金と共催でパネル・ディスカッションを行いました。続いて2022年には、国際協力事業団、そして2023年には海外子女教育財団の協力を得て、その活動に焦点を当てたプログラムの大会を開催しました。

3. カミンズ教授の教育論の歴史的流れ

本書のテーマは、言語マイノリティの年少者に対するバイリンガル・マルチリンガル教育理論とトランスランゲージング教育論です。2021年に出版された新著[3]で、カミンズ教授は自分自身を振り返り、過去50年にわたって精魂を込めて構築してきたバイリンガル教育理論は、実証的裏付けに基づいた理論的整合性のある探究だったと述べています（p. 369）。言語マイノリティの年少者に対するバイリンガル・マルチリンガル教育理論とトランスランゲージング教育論は、歴史的に見ていつごろ、どのように形

---

2 正式には「日本語教育の推進に関する法律」で、2019年6月に成立。国内外の外国人に対する日本語教育の充実・拡充を促すための法律であるが、年少者の支援も対象に含まれている。さらに海外在住の日本にルーツを持つ子どもたち（邦人・日系人の子ども、国際結婚家庭の子ども等）の母語の重要性に言及している点で、年少者の言語教育において特記すべき法律である。

3 Cummins, J. (2021a). *Rethinking the Education of Multilingual Learners: A Critical Analysis of Theoretical Concepts*. Bristor, UK: Multilingual Matters.

成されたのでしょうか。またこれらは、ニューヨーク大学大学院センター教授のオフェリア・ガルシアを中心とするトランスランゲージング教育論と、どこがどのように異なるのでしょうか。1970 年から現在までを 10 年ごとに 4 つに分けて、大まかにカミンズ理論の変化とその発展を捉えると次のようになります。

3.1　1970 年代

　今でこそバイリンガルであることは、思考の柔軟性、言語に対する優れた理解力・分析力、話し相手に対する配慮、他者への偏見や差別意識が低いことなど、プラス面が指摘されていますが、1970 年代は、移民背景の子どもたちの学業不振がバイリンガルであることに起因するということで、大きな社会問題となっていました。カミンズ教授は、バイリンガルであることと認知力・思考力の発達とは大いに「関係あり」とする立場から、まず**しきい説**（1976）[4] を、次に **2 言語相互依存説**（1976, 1979a）を提唱したのです。しきい説とは、言語の発達には 2 つの「しきい」があり、両言語とも上の「しきい」を越せれば知的発達にプラスになるが、両言語とも下の「しきい」が越せずに伸び悩む場合は知的発達にマイナスの影響があり、1 つの言語が上の「しきい」を越せても、もう 1 つの言語が下の「しきい」を越せない場合はプラス・マイナスなしという説です。2 言語の発達レベルによってその結果が異なるということを明らかにしたものです。

　次の 2 言語相互依存説は、まさにカミンズ教授のバイリンガル教育理論の中核をなすもので、今回のどの講演（本書ではレクチャーと呼ぶ）にも繰り返し出てきました。言語を目に見える表層面と目に見えない深層面とに分けて、表層面（発音・語彙・文法・その他）ではそれぞれ別個の言語であるが、深層面（知識・思考・学習ストラテジーなど）では 2 言語の共有面があり、言語が互いに依存し合うダイナミックな関係、つまり相互依存関係があるという説です。見えない部分が大きいことから「氷山説」（例えば、資

4　詳しくは、中島（1998/2016）『バイリンガル教育の方法』の p.8 を参照のこと。バイリンガルとしての恩恵を受けるには、2 言語とも、つまり学校言語と家庭言語を、上のしきいが越えるぐらいまで伸ばす必要があるということをしきい説は示唆している。(Cummins, 2011：11)

〈解説〉言語マイノリティのためのバイリンガル・マルチリンガル教育論とトランスランゲージング教育論

料 レクチャーⅠスライド11［p.179］）とも呼ばれ、言語能力の基底となる部分が共有されるという意味で「2言語基底共有説」（Common Underlying Proficiency、CUP）、「CUP説」とも呼ばれます。当時は、バイリンガルの2言語はまったく関係なしという「2言語バランス説」[5]、あるいは「SUP説（Separate Underlying Proficiency、2言語基底分離説）」が主流の時代でしたから、極めて画期的な提唱だったのです。これらは、カミンズ教授が1978年にトロント大学に赴任されてすぐに発表されたものですが、ちょうど私も1967年からトロント大学の東アジア研究科で日本語・日本語教育を教えており、カミンズ教授の授業では当時「2言語思考タンク説」と呼んでいたのを覚えています。

さらに1970年代にカミンズ教授は、アカデミック言語能力[6]（Cognitive Academic Language Proficiency、CALP）と対人関係における基礎会話力（Basic Interpersonal Communicative Skills、BICS）の発達上の違いについて発表します。地元のトロント教育委員会のWright & Ramsey（1970）のESL関係の大規模データ[7]を使って、年齢、滞在年数との関係で移民児童生徒の2言語の力を再分析、その結果に基づいて認知面であるCALPとBICSでは、発達に必要な時間が異なるということを実証的に示したのです。結論として、もちろんカナダという環境でいえることではありますが、BICS面の獲得には通常2年弱、CALP面の獲得には5年から7年かかる、母語がしっかりしていない場合は10年以上という結果が得られたといっています（資料 レクチャーⅡスライド8［p.191］他）。

以上のようなカミンズ教授の研究業績についてガルシア教授はその著書（García, 2009）で次のように讃えています。

---

5 「2言語バランス説」（Balance Effect Theory）は、2つのことばの力が互いに関係なく別個に存在しており、両方が競い合う関係にあるため、1つの言語を膨らませると、もう一方の言語は萎んでしまうという主張である。詳しくは、中島（1998/2020）『バイリンガル教育の方法』の11章（pp.224-233）を参照のこと。
6 最近カミンズは認知・学習言語能力を「アカデミック言語能力」と呼ぶことが多い。詳しくは本節のp.126を参照。
7 調査の対象は、小5、中1、高1の児童生徒で、総勢5386人、そのうち約25%の1210名が外国生まれ。Picture Vocabulary Testを使用して調べたもの。

多分バイリンガリズムの研究者のなかで、ジム・カミンズほどバイリンガル教育に多大な貢献をした学者はほかにいない。(中略) BICS と CALP (1979, 1981b, 2000) という枠組みを基盤にカミンズは、母語に加えて次に習得する言語のアカデミック言語能力を伸ばし、またそれが実際に使えるようになるまでには**5年から7年もかかる**という提唱をしている。
(p. 68、強調は原著)

3.2　1980年代

　1980年代になると、カミンズ教授は米国カリフォルニア大学の夏のコースを Fillmore Wong 教授と共に教えるようになり、米国の移住者児童生徒の低学力やバイリンガル教育問題[8]、言語的マイノリティ児童生徒のアカデミック言語能力の遅れをどう取り戻すかという課題、さらに世界各地の公教育のなかで差別・排斥・周縁化され、低学力に苦しむ言語少数派の子どもたちの問題に挑戦するようになります。その結果が Empowering Minority Students (『言語マイノリティ児童生徒をエンパワーする』) (1989) という著書です。つまり、1970年代は、心理学・教育学的アプローチの研究が中心でしたが、1980年台になると、それに社会的・政治的要因が加わり「大きなパズルの一角にしかすぎないが社会的・政治的関心事である低学力問題に挑戦するようになった」と述べています (上記1989, p.xi)。レクチャーⅡの表1「機会の格差の可能性に対する指導上の対応」には、社会的・政治的な立場から見た低学力の要因とその対応のあり方が1つの表にまとまっています (p.61)。そのなかで「機会の格差」に対応するために効果的な指導方針としてカミンズ教授が現場の教師に強調しているのが、次の6点です。

---

[8]　米国のバイリンガル教育・双方向イマージョン教育は、貧困率が高い移民家庭の子どものための英語補強プログラムである。英語で授業が受けられるようになるまでの間、母語を使って教科学習をすることを「バイリンガル教育」という。確かに母語と英語の2言語を使う教育ではあるが、目的が英語のモノリンガル育成であり、英語ができるようになるまでの一時的な母語使用であるため、「過渡的バイリンガル教育」、または「移行的 (transitional) バイリンガル教育」とも呼ばれる。

(a) 学習において［児童生徒に対する］**教師の期待値を下げない**こと
(b) 概念的土台として**重要な母語・家庭言語の価値を吊り上げる**こと
(c) すべての教師がカリキュラム全体で**教科学習言語を強化する**こと
(d) 特に活字へのアクセスを増やして**リテラシーとの関わり度を最大限にする**こと
(e) 学習の取り組みのなかで**児童生徒のアイデンティティを肯定する**こと
(f) 児童生徒の**マルチリンガルなレパートリーを活用**した指導をすること

　今回のレクチャーシリーズでは継承語、継承語教育には直接は触れられていませんが[9]、カミンズ教授が**継承語を国の言語資源と位置づけて**、カナダの継承語教育に多大な貢献をしたのもこの時代です[10]。

3.3　1990年代

　1990年代以降、これらが「変革的マルチリテラシーズ教育学」に集大成されていきます。レクチャーⅡ第3部で、従来型の基礎知識を体系的に教える「知識伝達的学び」、教師と学習者との話し合いを通して高度の思考力を育てる「社会構成主義的学び」、現実の社会の力関係を分析して実践を通して課題に挑戦する姿勢を育てる「変革的学び」の入れ子型の**変革的マルチリテラシーズ教育学**が示されています。カミンズ教授は、これら3つの学びをバランスよく取り入れる必要があり、特に言語マイノリティ児童生徒の場合は、子どもを取り囲む不公平な社会の権力構造の影響を受けるため、それに立ち向かい、社会を変革しようとするチャレンジ精神を育てる「変革的マルチリテラシーズ教育学」がもっとも重要だといってい

9　3つのレクチャーを通して総称として「家庭言語」が用いられており、「母語」「継承語」「第1言語」等がその傘下にある用語として、状況に応じて使用されている。
10　カナダの継承語に関しては、ジム・カミンズ、マルセル・ダネシ（著）中島（訳著）・高垣（訳）（2020）『【新装版】カナダの継承語教育』を参照のこと。

ます。そのためには社会に対する教師自身の姿勢が重要であり、学校の教室内で生まれる教師と生徒のパーソナルなスペースを通して子どもの自尊感情を高め、アイデンティティを容認する過程で、生徒が学習に前向きになると同時に社会問題に挑戦して、社会を変革しようとする意欲が生まれるといっています。ここで大事なのは、教師の姿勢と教師の主体的な働きを教育理論の中核に据えていることです。教師のあり方次第で、学習者とのインターパーソナルな空間の対話が、子どもをエンパワーすることにもなるし、逆に学習意欲を削いでしまう結果にもなり得ること、また言語マイノリティ児童生徒が経験する不当な社会のあり方に「挑戦する力を共に作り出す」(collaborative creation of power)ことにつながるといっています。

3.4　2000年以降

2000年になると、Language, Power and Pedagogy: Bilingual Children in the Crossfire（言語・パワー・教育論——闘争のなかのバイリンガル児童生徒［2000］）と Negotiating Identities: Education for Empowerment in a Diverse Society（アイデンティティの交渉——共生社会のエンパワメントのための教育）の改訂版 (2001) が出版され、アカデミック言語能力とアイデンティティとリテラシーとの関係がさらに深まっていきます。今回のどの講演でも、アイデンティティ・テキストという現場教師の取り組みが丁寧に紹介され、授業のなかで複数言語を互いに関連付けて使用した実例をカミンズ教授は示しています。例えば自分が、自信のある家庭言語で物語を書き、人の助けを得て現地語版を作るとか、L1とL2の2つの言語の相違点や共通点を表にまとめるとか（例：資料 レクチャーⅡ スライド11 [p.193] やスライド19 [p.197]）がその例です。

2000年代になると、モノリンガル思考を否定し、マルチリンガリズムや複言語主義を謳歌する「マルチリンガル・ターン」(Multilingual Turn)（例：May, 2014）が世界各地で広がり、カミンズ教授の主張する言語間の関係を重視したクロスリングィスティック教育論の時代に移っていきます。カミンズの氷山説に加えて、ニュージーランドのカヒカテアの木の比喩がマルチリンガルの内部構造として提示されました。そして、学習の取り組

〈解説〉言語マイノリティのためのバイリンガル・マルチリンガル教育論と
トランスランゲージング教育論

みのなかで、児童生徒の持つ複数言語を使用することによってアイデンティティが肯定され、児童生徒のマルチリンガルなレパートリーを活用した指導が強調されるようになったのです。

　この「マルチリンガル・ターン」に先駆けて、社会言語学的立場から言語を捉える新しい流れとして注目を浴びたのが、ガルシア教授のBilingual Education in the 21st Century: A Global Perspective (『20世紀のバイリンガル教育――グローバルな視点』)（2009）です。移民背景の児童生徒（日本では外国人児童生徒）の教育にも大きなインパクトを与えつつあります。例えば、「英語学習を必要とする児童生徒」という意味でLEP（Limited English Proficient Students）やELL（English Language Learners）など欠陥やマイナス面、例えば英語力不足に焦点を当てた呼称ではなく、「萌芽的バイリンガル」（emergent bilinguals）と将来に夢を託した呼び方や、子どもが持っているすべての言語を使う場を教室のなかに作り出そうとする指導のあり方など、学校教育の真ん中に言語マイノリティの子どもを据えた指導原理、社会的公正性を目指した取り組みなどがその特徴です。さらに教育論の中心に、子どもの言語あるいは学力だけではなく、子どもの全人格を対象に据えていることも重要なポイントです。

　ところがこの15年間に、ガルシア教授とその同僚が主張するトランスランゲージング教育論は、理論面において大きな変化が見られるようになりました。コードミクシングやコードシフティングの専門家であるJeff MacSwan（2022）は、ガルシアらのトランスランゲージング（TL）教育論を、**初期TL論**（Early TL Theory）と**後期TL論**（Late TL Theory）に分ける必要があると主張しています（p.3）。そして実は後期TL論で、カミンズ教授のバイリンガル・マルチリンガル教育理論が名指しで否定されるようになったのです。初期TL論では、ガルシア（2009）でも明らかなように、批判というよりは傘下に収めるというおおらかな態度であったのに対して、後期では真っ向からの厳しい批判に変化しています。ガルシア教授らの主張は、それぞれの個別に命名された言語（named languages）は多言語話者にとって心理的な実体がなく、認知されないものだという主張で、個別言語の存在を否定、さらにFlores & Rosa（2015）の人種差別問題に立脚す

るRaciolinguistic論も加わって、カミンズ教授提唱の加算的バイリンガリズム、二言語相互依存説、共有基底言語能力、言語間の転移促進、アカデミック言語などの概念が否定される事態になったのです（例：Garcia, Flores, Seltzer, Li Wei, Otheguy & Roza, 2021）。

　レクチャーⅢのスライド31と32（p.221）で示されたガルシア教授主張の**一元的TL論（UTT）**とカミンズ教授が提唱してきた**クロスリングィスティックTL論（CTT）**がまさにこの対立であり、それが激化しつつあるのが現状です。特に**アカデミック言語**が植民地時代につながる人種差別的用語であるとしてカミンズ理論を否定、それに対してカミンズ教授が反論するという状況です（上記のGarcia et al., 2021; Cummins, 2022a; Cummins, 2024ほか）。歴史の流れを振り返れば、言語間の関係性に関して先駆的論文を1970年代に発表したのがカミンズ教授であり、また上記のTL論に真っ向から批判の声を上げたのもカミンズ教授でした（例：Cummins, 2017a）。

　50年近くにわたってさまざまな分野で貢献してきたカミンズ理論が、中傷誹謗にさらされるのを放置できずに、かつてカミンズ教授の指導を受けて現在さまざまな分野で活躍するトロント大学教育大学院（OISE）の卒業生が、カミンズ教授のこれまでの功績を謳歌し、カミンズ理論の擁護をするために、学会でのコロキウムや論文発表、冊子出版を企画するなど、さまざまな取り組みが始まっています。私自身にとっては、長年精魂を注いできた理論が突然覆されるという経験は、実は初めてではありません。スイスのソシュール（Ferdinand de Saussure）に端を発した構造言語学を大学で学んだ私は、米国を中心に言語学がノーム・チョムスキー（Noam Chomsky）提唱の生成文法一色に塗り潰されていく過程を目の当たりに見てきました。そして今度は、ミハイル・バフチン（Mikhail Bakhtin）やヴァレンチン・ヴォロシノフ（Valentin Volosinov）の言語観[11]をふまえた、「言語とは個人のなかに存在するものではなく、人とのやり取りのなかで存在するものである」というガルシアらのトランスランゲージ論です

11　バフチンはロシアの文学者・思想家で、ヴァレンティンはバフチンの言語観の信奉者。バフチンやヴァレンティンによると、「ヘテログロシア」とは１つの言語のなかに異なるもの、多様性のあるものが共存することを意味する用語で、「モノグロシア」と対立する概念である。

(Garcia & Li Wei, 2014, p.7)。長い目で見れば、荒波にさらされることによって、バイリンガル教育理論とマルチリンガル教育論が歴史的に位置づけられ、マルチリンガル教育論がより精緻化され、より時代にマッチしたものに深まることを期待します。

4. レクチャーの要約と実践上の指針

　3つのレクチャーは、国内の言語マイノリティである外国人児童生徒や海外在住の日本にルーツを持つ子どもたちの教育に携わる教師たちに、具体的にどのような指導上の指針を与えてくれたのでしょうか。以下3つのレクチャーの要約では、筆者の観点から重要と思われる実践上の指針を太字で示しました。

レクチャーⅠ
　言語的マイノリティの年少者に対する国の移民政策・教育政策においても、また現地語の習得や学力の獲得においても、**母語・継承語・第1言語が大事な役割**をします。その理論的背景となるのが、2言語相互依存仮説と共有基底言語能力モデル（CUP）です。言語的マイノリティの児童生徒の**母語・継承語の力**と、授業で使用する**現地語の読み書きの力の発達**との間に有意の関係があり、**学校で母語・継承語を直接教えたり、サポートしたりする**ことがさまざまな面で**子どもの学校生活の成功**につながります。学校の指導方針として重要なのは次の4点であるといっています。

　1　**第1言語と第2言語が互いに関係がある**ことに対して認識すること
　2　教科指導で重要なことは、**概念や学習ストラテジーの言語間の転移**を促進すること
　3　子ども自身が**自らの言語や文化に誇りを持つ**こと
　4　学校に対する**親の関与**を奨励すること

　以上、日本語と英語など、言語差が大きい2言語間でも相互依存的な関

係があるのか、転移を学校全体で促進するとはどういうことかなどについて疑問を持たれる方は、この「解説」の6．**2言語相互依存説——日本語を1言語とする実証的研究**（pp.140-145）や、8．**マルチリンガルとしてのアイデンティティ**（pp.147-150）を参考にしてください。

レクチャーⅡ
第1部
　日本の外国人児童生徒や海外児童生徒のように多言語環境で育つ子どもの場合、マジョリティ言語である学校言語およびマイノリティ言語である母語・継承語について、学校教師や指導員が知っておくべき研究成果は次の3点である。
1　会話の流暢度（CF／BICS）と教科学習言語能力（CALP／ALP）の習得において、会話面には約2年、**CALP／ALP／アカデミック言語能力**には**5年から7年**かかること
2　**読み書き／リテラシーとの関わり**[12]を学校全体で強めること（例：本の読み聞かせなど）
3　家庭で使う**母語・継承語の力**が学校での**教科学習の概念的基盤**となること

第2部　マルチリンガル学習者の**学業不振**とその**要因**について
1　言語的多様な背景の子どもにとって**家庭言語と学校言語の切り替え**が必要になるため、授業が理解できないことがあること
2　社会経済的地位の低い家庭の子どもにとって、家庭や学校において**活字へのアクセスが少ない**ために、リテラシーの発達が遅れがちであること

---

[12] 読み書きの力、つまりリテラシーは、子どもがどのぐらい活字や印刷物に触れる機会があるかによって決まる。カミンズ提唱の「マルチリンガル環境におけるリテラシー獲得の教育的枠組み」によると、リテラシーとの関わり度を高めるためには「既存知識・背景知識」「内容理解への支援」「アイデンティティの肯定」「言語を伸ばす」の4つが必要だといっている。（カミンズ・中島, 2021：184）

3 学業不振の主要因は**社会的差別、教師の期待値の低さ、アイデンティティの否定**であること
4 **学業不振に対処**するために、取り組むべきことは次の7点である。
- 足場かけ（サポート）をして、児童生徒の**言語理解や言語使用**を促すこと
- 児童生徒が持つ**複数言語を活用**すること
- 指導方針として、**各教科の学習目標に加えて言語上の学習目標を明確にする**こと
- 2言語を突き合わせて比較したり翻訳したりして、その**類似点・相違点**を探ること
- 読み書きに対する**前向きな態度**と**アイデンティティへの投資**があること
- アカデミック言語[13]の強化に**学校全体・カリキュラム全体**で取り組むこと
- **家庭言語・家庭文化を価値あるものとして活用**すること

第3部　入れ子型教育オリエンテーション

　第3部では、マルチリンガル児童生徒の指導には、入れ子型教育オリエンテーションで**(a) 知識授与／伝達的学び、(b) 社会構成主義的学び、(c) 変革的教育的学びが組み合わされた入れ子型オリエンテーション**の対処が望ましい。特に(b)と(c)を通して**学習意欲を高め、学習上の成果を上げる**ことが必要であり、その指針として重要なのは次の3点である。

1 児童生徒自身の**生活・知識・コミュニティ特有の文化**と結びつけた**言語指導**を行うこと
2 児童生徒の**アイデンティティを肯定**して、**家庭言語・母語のリテラシーを活用**して**知的でパワフル、かつ創造的な成果**が出せるように指導すること

13　アカデミック言語に関してはpp.147-150を参照のこと。

3 協働的・批判的探求を通じて自分自身が置かれている**社会的状況を分析、現状をどのように変えていくか**について話し合い、行動に移すこと

レクチャーⅢ
　第1部で「文法訳読」・「モノリンガル直接法」・「複言語主義」・「**トランスランゲージング（TL）教育論**」と、これまでの第2言語・外国語教育の歴史を鳥瞰した上で、モノリンガル指導原理の限界を示しつつ、**マルチリンガル指導原理の必要性**を強調しています。その上で、自らが主張する**クロスリングィスティック（crosslinguistic）TL教育論（CTT）**とガルシア教授らが提唱する**一元的（unitary）TL教育論（UTT）**との共通面を指摘すると同時に、その相違点を明らかにしています。TLがさまざまな意味で使われるため、言語教育に関わる概念を**教育的TL**とし、「**教科学習やその活動において児童生徒が持つマルチリンガルな言語レパートリーがすべて活用できる様に計画した指導のこと**」と定義しています。さらに、A）実証的証拠があること、B）論理的一貫性があること、C）効果的で強力な教育実践の推進に貢献することの3点を踏まえて、**CTTの妥当性**を強調しています。

　第2部では、マジョリティ言語児童である日本人生徒のための「L2イマージョン教育」（例：加藤学園）や欧州の教科内容と言語学習を統合したCLIL[14]の方が、週に数時間教える「教科としての外国語教育」より効果があること、第3部では、CTTとUTTの相違点のまとめ、そして第4部では、日本の学校教育のあり方の例として真嶋グループの縦断的研究の例を挙げ、注目すべき点として次の3点にまとめています。

　1 マイノリティ言語は脆弱であるため、学校・コミュニティ・家庭の

14　CLILはContent and Language Integrated Learningの略で、北米の「内容重視の教授法」（Content-Based Instruction、CBI）と同じように教科内容と言語教育を統合した教授法である。

強力なサポートが必要である。家庭での**親の熱意と具体的支援が母語を話す力や読み書きの力の獲得に必要不可欠**である。
2. 全教科を英語で学び、加えて「国語」の時間を毎日設ける加藤学園の英語イマージョン教育は、国内の日本語を母語とする児童生徒を**日本語と英語のバイリンガルとして育てる最適な方法**である。
3. ガルシア教授の**一元的トランスランゲージング**とカミンズ教授の**クロスリングィスティック／TL教育論**の共通点として次の5点を指摘している。

- マイノリティ言語児童が学校に持ち込む**家庭言語を大事**にし、価値のないものとして切り捨てることに対して強く非難すること
- マイノリティ言語児童の**言語レパートリー全体を活用する**ことが社会や教育の公正につながるという認識を共有すること
- 指導方針として、複数の言語を切り離してそれぞれ別個の言語を使って教科を学ぶのではなく、**複数の言語を互いに関連づけながら教科指導に使用する**ことを奨励すること
- 学校全体の指導において、マイノリティ言語児童生徒の**言語レパートリー全体を活用**することが、児童生徒の健全な**マルチリンガルとしてのアイデンティティの育成**につながること
- 学校の教科指導その他で、児童生徒の**保護者、家庭やコミュニティと連携**することが重要であること

5. 日本国内外のバイリンガル・マルチリンガル教育事情

日本人の子どもをバイリンガルに育てるには、どうすればいいのでしょうか。外国にルーツを持つ子どもたちを、どうしたら母語を失わずにバイリンガル・マルチリンガルに育てられるのでしょうか。日本の政府はこのためにどのような施策を取っているのでしょうか。カミンズ教授は講演のなかで、日本の例として加藤学園と、真嶋グループの中国系の子どもが多く在籍する公立校の例を挙げました。

日本の実情を国内と国外に分けてみてみましょう。

5.1 国内の言語マイノリティの場合

まず言語形成期[15]の子どもの言語習得は、基本的に自然習得であり、目標言語の社会的地位が子どもの言語に対する心的態度に大きな影響を与えます。レクチャーⅡの教育機会の格差に関する表1（p.61）で明らかなように、加藤学園の場合は、私立校のなかのプログラムの１つであり、社会経済的地位が低いわけでも差別を受ける立場でもなく、親や児童生徒自身が自分で選択した**言語マジョリティのためのプログラム**なのです。このため、学校で英語を使って教科を学んでも、毎日「国語」の授業があるため、母語の読み書きの力も学年相応の力がつきます。それが支えになって英語も伸びやすい状況にあるのです。このように母語が保障された状況でのバイリンガル教育は、複数言語が仕事で使える人材育成には必要不可欠です。日本は加藤学園のようなイマージョンプログラムを、国際社会で通用する人材育成のために積極的に取り入れるべきでしょう。

一方真嶋グループの定住中国系２世の場合は、カミンズ教授が指摘しているように（a）**家庭と学校における言語の切り替えが必要**であり、（b）**社会的経済的地位が低く**、（c）**世代を通して差別・周縁化されたコミュニティの出身の子ども**のケースです。母語の支援なしにマジョリティ言語のみを学校で学ぶので、コミュニティや家庭で特別な母語支援がない限り、２言語が育ちにくく、また２言語間の転移も望めません。家庭のなかで親と中国語を使っていると聞く・話す力は保持できますが、読み書きの力はなかなか育たないのが普通です。さらに幼児期から保育園や幼稚園で日本語に触れるため、中国語が十分育つ前に日本語の方が強い言語となり、親子の意思の疎通に支障をきたすことがよくあります。

このような言語マイノリティの子どもたちのための教育プログラムとし

15　言語形成期（２歳から 12-15 歳）とは１つの言語・文化が形成される過程（つまり母語の形成過程）で、環境さえ与えられればだれでもバイリンガル、マルチリンガルに育つ可能性がある年少期のことである。イマージョン教育や海外児童生徒教育の研究を通して、9-10 歳に分水嶺（「９歳の壁」とも言われる）があることから、9-10 歳以前を言語形成期前半（母文化・話し言葉・読み書きの基礎）、それ以降を言語形成期後半（読解力・作文力・抽象概念・抽象語彙）に分けられる。詳しくは、『バイリンガル教育の方法』（中島, 1998/2016：23-27）、『マルチリンガル教育への招待』（中島編著, 2010：22-28）を参照のこと。

て、例えば米国では、二重言語プログラム、双方向イマージョンプログラム、カナダでは、中西部のパーシャルイマージョンプログラムなど、政府主導型の取り組みがありますが、日本の場合はどうでしょうか。第2言語である日本語を育てるために、まず健全な母語の発達が必要だということに対する根本的な認識を欠くためでしょうか、なかなかカミンズ教授が推奨するような学校教育のあり方、教師のあり方を活かせる場が学校教育のなかにはないのが実情です。ただ地域によっては個人や地域の団体の自助努力による「母語・継承語クラス」がありますし、また学校のなかに意識の高い管理職や教員も確実に増えています。ただ少子化に加えて教師不足、不就学児、日本語教師の不足、日本語教育の地域格差などがあり、さらに外国人児童生徒を公教育で受け入れる法的根拠がなく、母語・継承語教育の重要性に関する認識不足、適切な言語能力評価法の欠如などさまざまな問題を抱えています。特に、本来は教員免許を持つ教員の追加資格として日本語も教えられる教師が望まれますが、小学校の教員資格のない「日本語教師」が日本語を教えるという状況は、今後改善すべき大きな課題の1つでしょう。カミンズ教授のバイリンガル教育論から概観すると、国内の言語政策は日本語指導のみが強調されており、母語の重要性に対する認識を欠くこと、さらに諸教科の学習に必要なアカデミック言語の習得よりも基礎的な言語事項（例：単語や文字や文型）の習得に重点が置かれていることが課題です。

　もっとも深刻な課題は、外国にルーツを持つ児童生徒として日本で**教育を受ける権利が保障されていないこと**です。国際人権規約（1966）と「児童の権利に関する条約」（1989）に基づいて、**「日本人と同一の教育を受ける機会を保障する」**という立場で公立学校が外国人児童生徒を受け入れるという**同化政策に留まっている**のです。

5.2　海外の言語マイノリティの場合

　海外で育つ日本にルーツを持つ子どもたちのバイリンガル・マルチリン

ガル育成状況はどうでしょうか[16]。現在政府認可の在外教育機関としては、①全日制の日本人学校、②週末または放課後の補習授業校、③全日制の私立在外教育機関、これらに加えて地域または個人経営の日本語学校、継承日本語教室、幼児学習グループ、日本語を使用する保育園などがあります。日本がユニークな点は、以上の①と②のような政府支援の教育機関を世界各地に持っていることです。最近のデータ[17]では、日本人学校94校（51ヵ国、生徒数1万6958人）、補習授業校240校（51ヵ国、生徒数2万7924人）で、日本の指導要領に基づいた教育が検定教科書を用いる前提になっています。

　近年「**日本語教育推進法**」（2019）とその**基本方針**（2020）に加えて、海外で育つ邦人・日系人の子どもの教育のための「在外教育機関教育振興法」（2022）とその基本方針（2023）が制定され、上記の教育機関の法的根拠が与えられたことで海外の教育機関の存在価値を強めています。ただ問題は依然としてあります。第1に、国内で享受される義務教育と同じ内容・レベルの教育が期待されていること。この期待は、児童生徒が現地校と補習校との両立に苦しむ要因の1つです。第2は、義務教育に拘るために小学校中学校が中心で、バイリンガル育成に必要不可欠な幼児期と高校レベルの教育が疎かになっていること、第3に法律では国内では望めないグローバル人材の育成を謳いながら、具体案を欠き、日本のモノリンガル・モノカルチュラルな教育機関になっていること、さらに第4に現地の子どもが視野に入っていないため、地域への貢献度が低く、むしろマイナスの印象を与えていることです。

　グローバル人材の育成の立場から見ると、家庭で日本語を使用しつつ、週5日は現地校で教科を学び、週1日補習授業校で日本語を使って諸教科（例えば国語・算数／数学・理科・社会・生活科など）を学ぶ子どもたちが、日本語の会話力だけでなく読み書きもできる、つまり複数言語の言語能力を備え持つ国際的人材として実際に育っています。日本型教育を海外で実現し「帰国に備える」という従来の在外教育機関の主目的に加えて、日本で

16　本稿では2世児を中心とし、南米中心の5世・6世の日系人児童生徒は紙幅の都合で範疇外としている。

17　海外子女教育振興財団『海外子女教育』2023年1月号による。

は育ちにくいバイリンガル・マルチリンガルなグローバル人材を育てるということに国を挙げて挑戦すべきではないでしょうか。そしてゆくゆくは、15万もいるといわれる現地校やインターナショナルスクールに通うのみで日本語を学ぶ環境のない邦人・日系人の子どもも視野に入れるべきはないでしょうか。

ここから、6. で「2言語相互依存説」、7. で「アカデミック言語」と、カミンズ理論のなかで誹謗中傷の対象になっている概念のなかから2点取り上げて、その内容を整理しておきたいと思います。

6. 2言語相互依存説——日本語を1言語とする実証的研究

まず「2言語相互依存説」ですが、日本語と英語のように言語間の差が大きい2言語の場合は、どのような相互依存的関係があるのでしょうか。

実は1979〜1986年にカミンズ教授らとの共同研究で、トロントの補習授業校小学生を対象に、「第1言語と第2言語の発達上の関係について」というテーマで国語力と英語力との関係を、読解力、語彙力、会話力の3領域で調べたことがあります[18]。当時はまだ、フランス語と英語やスペイン語と英語など、インド・ヨーロッパ系語族の2言語の研究がほとんどで、日本語と英語のように表記法が大きく異なり文法も文章構成も思考パターンも異なる2言語を対象にした研究は未踏の領域でした。そこで、現地校で英語を使って教科学習をし、土曜にトロント補習授業校で日本語を使って4教科（国語・算数／数学・理科・社会あるいは生活科）を学ぶ2・3年生と5・6年生（91名）の2言語調査を実施したところ、日本語と英語の間に読解力で有意の相関（$r=.52$ $p<.01$）、対話力でも英語の「応答力」と日本語の「会話力」との間に、子どもの性格を媒介に有意の相関（$r=.51$ $p<.01$）が見

---

18 この調査では「第1言語と第2言語の習得との関係について」というテーマで小学生を年少児（2・3年生）と年長児（5・6年生）に分けて読解力と対話力テストを行い、保護者には45項目にわたる言語環境調査を行った。読解力には、カナダで標準化された英語読解力テスト、日本の標準読解力テストを使用、対話力は自由会話（BICS）と絵話し（CALP）を対面で調べた。詳しくは、拙著『バイリンガル教育の方法』（1998/2016：163-176）を参照のこと。

られたのです。この研究調査が2言語相互依存説の検証の役割を果たし、その後の理論的展開に貢献することにもなりました（Cummins et al., 1984; カミンズ & 中島, 1985）。この結果を踏まえてカミンズ教授は、次のようにいっています。

「スペイン語と英語など、インド・ヨーロッパの2言語の場合は、言語面と認知面の転移があるが、（例えば日本語と英語など）言語差が大きい2言語の場合は、（例えば学習ストラテジーなど）主に概念的・認知的転移が中心になる。」　　　　　　　　　　（Cummins et al., 1984, p.4）

以上に加えて2010年に、同じ補習授業校の小・中学生全員（334名）を対象に日・英作文テストを行いました。書く力でも「作文の長さ」「文章構成」「語彙の多様性」「表記上の誤用」で中度の相関（.47-.57 p<.001）が見られました（中島・佐野, 2016）。このほか、国内の日本の学校で学ぶブラジル人の小・中学生でもポルトガル語と日本語の会話力との間に認知面のタスク（例えば、環境汚染について説明するとか、物語の再生）では有意の相関が見られました（中島・ヌネス, 2011）。同じく中学生のポルトガル語と日本語の作文力（生田, 2002）、韓国語と日本語の小学生の会話力（Zhu, 2004）、スペイン語と日本語の読解力（櫻井, 2008, 2018）、ポルトガル語と日本語の読解力（ブッシンゲル & 田中, 2010）などの調査結果もあります。

このような流れのなかで、カミンズ教授が講演で紹介された真嶋グループの研究（真嶋ほか, 2019）には、どのような特徴があるのでしょうか。まず第1の特徴はこの中国系2世児[19]の研究が、大阪の公立K小学校の中国語を話す親を持つ小学生の2言語の発達を2009年から8年かけて縦断的調査だということです。具体的には、定住2世児14名を対象に、小学校1年時、3年時、6年時と3回にわたって、日本語と中国語の「話す力」と「読む力」の調査を実施、日本語力と中国語力の発達上の関係について長期に

---

[19] 中国残留孤児・残留婦人3世・4世の子孫がほとんどで、2018年度には全校生196名のうち中国ルーツを持つ児童が45名であった。

わたって調べたものです。特にカミンズ教授が注目したのは、プロジェクトの2年目に配属された日本の教員免許を持ち、日本語と中国語に堪能な中国生まれの教師于濤先生の役割とその功績です（于濤, 2019/2024, 第7章, pp.159-178）。これが第2の特徴です。この教師は「S国語」[20]と呼ばれているいわゆる「取り出し授業」を引き継いで、日本語と中国語の両言語を使って教科指導をしたのです。その結果、中国系2世児たちの両言語の力が伸びると同時に、保護者との意思疎通が大いに改善されたそうです。実は「S国語」の理念として、次のような記述が残されています。前任者の故森迫貴子先生の理念についてご主人の森迫龍一先生が書かれたものです（真嶋ほか, 2019, p.229）。

> 当時の［S国語の］日本語担当の任務は、日本語指導や日本文化の指導、教科学習の促進指導だった。しかし、一年目に担当する児童の困難な様子に私は大きなショックを受けた。……CLD児[21]が自分の母語や母文化に誇りが持てず、両親を卑下し、疎んじ親子ゲンカにも通訳が必要になるような状況が見えてきたからだ。教科学習の促進指導をしても、砂に水をやるように感じる原因はそれだった。そこで私が考え出した教育理念は、「日本語指導と同時に母語の力も伸長し、母語・母文化に誇りを持ち、親を卑下しない子どもで、自尊感情を持つ子どもが、何よりもの出発点になる」ことだった。

于濤先生は、1年から3年までの取り出し授業のS国語と個別抽出授業を引き継いだのですが、「両言語を使った教材」として、次のような例を挙げています。（于濤, 2019, pp.169-170）

20　S小学校で始まった取り組みという意味で「S国語」と呼んでいる。
21　CLDとは、Culturally Linguistically Diverseの略で、CLD児とは、多文化・多言語環境に育つ多様な背景を持つ年少者を意味する。現在外国籍の子ども、日本国籍（二重国籍）の子ども、無国籍の子ども、外国出身の保護者と共に暮らす子どもなどを指すものとして日本国内で使われている。日本で初めて使われたのは、カミンズ、中島編訳著（2011/2021）「第4章　変革的マルチリテラシーズ教育学——多言語・多文化背景の子ども（CLD）の学力をどう高めるか」（Cummins, 2009）である。

教科書の「はなのみち」(全文)、「おおきなかぶ」(ある場面のみ)【光村図書1年生】、「スイミー」(ある場面のみ)【光村図書2年生】を中国語に訳した文章を日本語の学習後に音読している。文字を見ながら(文字はまだ読めていない)、耳から発音を覚えて唱えるが、子どもたちにとっては普段家庭で耳にしている言葉なので、すぐに上手に発音して覚える。それらのテキストを音読の宿題として家庭に持ち帰り、保護者に発音を教えてもらうようにしている。子どもたちは、保護者に褒めてもらえるのでとても意欲的に宿題の音読に取り組んでいる。親は子どもに自信を持って、中国語の音読を教えることができて、また子どもたちを十分褒めることのできる機会にもなっている。子どもたちも保護者に教えてもらえることで、親に対して誇りを感じることができ、「日本語ができない親」から「中国語で読める親」として、尊敬の対象になることは、大きな価値観の変換になる。

これは、カミンズ教授が講演で主張している**「目標言語を産出面で児童生徒の家庭言語とつなげるように指導すべきである」**、あるいは**「2言語を密着して教える」**という概念に非常に近いものではないかと思います。また「母語を最大限に引き出し、母語の読み書き能力を高めながら日本語の力をしっかり育てる」という理念や「…日本語文は中国語に翻訳し、翻訳文はノートに書く。このような翻訳作業を通して、母語の語彙を増やし、母語による読み書きの力をしっかり身につけることができ、また日本語と中国語の語順の違いに気づき、正しく文を構成することや考える力も鍛えることができる。…推理したことや考え方をまとめて発表する時には、母語と日本語の両方で行う…」というような指導方針こそが、真嶋科研の結論でもあります。そして、次のように報告書にまとめられています。

> 日本語と母語は、切り離すことが出来ず、相互に依存し互いに影響し合う関係であって、両方の言語を大切にすることは子どもが持つ資源をさらに豊かにすることになるだろう。 (于濤, 2019, p.178)

私自身チームの一員だったので、今になってプロジェクト全体を振り返ると、まず日本の言語マイノリティ年少者の研究として画期的な研究だといえます。その理由は多岐にわたりますが、まず次の4点が挙げられます。
  (a) 縦断的研究であること
  (b) 公立小学校に密着した学校教員とのコラボによる研究であること
  (c) 大阪府のいわゆる「しんどい」集住地区における研究であること
  (d) もともと「権利としての母語」の意識の高い地域で「S国語」という取り組みがすでにあったこと

さらに調査研究のあり方として特記すべき点は、中国語の評価法を開発するところから始めた実証的研究であったことです。会話力は『子どもの会話力の見方と評価——バイリンガル会話力テスト（OBC）の開発』（カナダ日本語教育振興会, 2000）の中国版を使い、読書力は『対話型読書力評価』（中島・櫻井, 2012）を土台に、まったく何もない状態のなかで中国版の「対話型読書力評価」を開発して調査に臨んだのです（ウリガ・櫻井, 2019, pp.43-51）。さらに、現場の実践者として中国人教師による取り組みの詳細が明らかにされており、母語話者でなければ、また当事者でなければ見えにくい中国語を母語・継承語とする児童生徒の学習上の実態が明らかにされたことです（于濤, 2019, pp.169-170）。

7. アカデミック言語

講演のなかで頻出したアカデミック言語という用語が、従来の教科学習言語能力と同じなのか異なるのか気になり、カミンズ教授に講演後に確認したところ、アカデミック言語は教科学習言語能力と本質的には同じことを意味しているとのことです。ただしアカデミック言語の場合は、言語形態（例えば、語彙、文法、談話形式など）を意味するのに対して、教科学習言語能力は、言語使用者の教科学習に必要なタスクやアクティビティを遂行するのに必要な言語能力を意味する、要するに学習環境で教科学習に使われる言語ということです。

カミンズ教授のこれに関する用語の歴史を振り返ってみると、まず**CALP**（Cognitive Academic Language Proficiency）と**BICS**（Basic Interpersonal Communicative Skills）の区分けを提唱したのが1970年台です。BICSとCALPは教育分野に限定して使われるものであって、この点で日本で一般的に広く使われる「学習言語」と「生活言語」とはやや異なります。CALP／BICSの概念は、その後より精緻化されて、**ALP**（Academic Language Proficiency、教科学習言語能力）、**DLS**（Discrete Language Skills、弁別的言語能力）、**CF**（Conversational Fluency、会話の流暢度）の3つに分類されるようになりました。DLSとは個々の言語が持つ、例えば、音声、表記、語彙、その他の言語形式です。習得に必要な時間は、BICS／CFは2～3年、CALP／ALPには5～7年、母語がしっかりしていない場合は10年といわれますが、DLSはそれぞれの言語形式によって習得に必要な時間が異なります。例えば、平仮名の習得には時間はそうかかりませんが、漢字となると母語話者でも幼児から中学生までかかります。これまで教科学習言語能力のなかに組み込まれていた**DLS**の部分をALPから取り出すことによって、教科学習言語能力の概念がよりはっきりしたと思います[22]。

　ここでアカデミック言語を巡って新しい動きがあります。トランスランゲージング（TL）教育信奉者がアカデミック言語は「差別語」だと非難していることです。最近和訳本が出されたガルシア教授らによる『トランスランゲージング・クラスルーム——子どもたちの複数言語を活用した学校教師の実践』（2024）では、アカデミック言語が次のように定義されています。

> 「学習言語［academic language］と呼ばれるものは、生徒たちが学校で成功するために身につけなければならない数多くのランゲージングの1つにすぎないと考えるのです。教育実践上は、テクストに基づく証拠を用いて情報やアイディアを収集し、理解し、評価し、まとめ、報

---

[22]　弁別的言語能力（DLS）はもともとCALPのなかに組み込まれていた文字の習得や基本文型の習得など、ルール化ができて個別に測定可能な言語技能を意味する。詳しくは拙著『バイリンガル教育の方法』（1998/2016：44-46）を参照のこと。

告するために言語を使用する能力を伸ばします。またTLは、現実や想像上の経験について、説得したり、説明したり、人に伝えたりするために言語を使用する能力を意味するのに役立ちます。」

(ガルシアら, 2024, p.58)

　カミンズ教授からは、この定義はかなり穏やかなもの（つまり初期TL論）であり、この内容にはまったく問題はないとのコメントが戻ってきました。

　残念なことに最近は、カミンズ教授の理論に対する強硬路線（つまり後期TL論）からの批判やSNS上の度を過ぎた誹謗が広まっています。アカデミック言語とはそもそも、植民地時代の人種差別的用語であり、言語マイノリティの子どもの言語と認知に対する欠陥傾向を踏まえた、本質的に人種差別的な概念だというのです。カミンズ教授はこの闘争の只中にあり、それがいかにナンセンスであるかについて鋭い論法で反論を繰り返しています。（例：Cummins, 2021a, Chapter 8）

8．マルチリンガルとしてのアイデンティティ

　マルチリンガルとしてのアイデンティティの獲得も、カミンズの言語マイノリティ教育論の中核を占める大事なテーマです。児童生徒自身が自分をどう見るか、どう位置づけるか、また子ども自身が複数言語話者としての自分を容認し、自分に対して誇りを持つことができるかどうかが課題です。言語的にマイノリティ化された子どもたち[23]は、社会から疎外され、その存在自体がマイナス評価をされる状況にあります。カミンズ教授がいうように、**低学力の問題は、学校全体、全教科を通じての努力がないと、学習にまともに取り組む前向きの意欲は児童生徒からは生まれず、そのためにアカデミック言語も育たない**という悪循環になってしまいます。これ

23　日本の場合、言語的にマイノリティ化された児童生徒とは、在日コリアン、ろう・難聴者、帰国子女、外国人児童生徒などを含む。

は国内の外国人児童生徒だけでなく、海外で育つ日本人・日系人の子どもや国際結婚児にもいえることです。日本語は日本国内では優勢言語であっても、一歩日本を離れればマイノリティ言語なのです。そのマイノリティ言語を家庭で使うことに対して、子どもが引け目を感じ、劣等感を持ち、それが昂じて現地語の苦手な親を恥じて、親が話す言語は学ぶ価値なしと決めつけるようになりかねません。こういう状況では、カミンズ教授が繰り返し強調するように、学校全体でマイノリティ言語の価値を**人為的に吊り上げること**が重要です。そして教師自身がその重要性を認識して、授業のなかでマイノリティ言語を使う場を作り出し、クラスメートの知らない言語を「使うことができる！」ということが級友にもまた教師にも前向きに評価されるように、児童生徒たちが「輝ける」瞬間を作り出すことが重要だとカミンズ教授はいっています。そしてここで強調したいのは、このような教室内の教師の実践こそが、研究者であるカミンズ教授のもっとも重要な関心事でもあることです。以下は、新著（2021a）の前書きの一部ですが、カミンズ教授の研究者としての姿勢、その資質、コミットメントを如実に示している一節です。

> 私の真の興味の対象は、教室のなかの教師と生徒の間に何が起こるかということに始まり、それに尽きるのです。もちろん理論的概念が本書のフォーカスではありますが、究極の目的は極めて**実践的**（intensely practical）なのです。新しい理論的考察を追求する目的は、教師の指導の改善に貢献するためであり、どのような社会的（格差のある）グループでも、平等で、実証的かつ効果的な結果を得ることなのです。　　　　　（Cummins, 2021a, p.xxxiv、強調は原著でイタリック）

つまり、生徒と対話をする教師自身の熱い思い、その姿勢が重要な役割を果たすのです。教師と生徒の対話の空間を通して、子どもの自尊感情を高め、前向きのアイデンティティを生み出し、生徒から知識や想像力・創造力を引き出す可能性を持っているからです。そして、カミンズ教授自身、「この25年間は、アイデンティティ・テキストを中心に現場の教師たちと

〈解説〉言語マイノリティのためのバイリンガル・マルチリンガル教育論と
トランスランゲージング教育論

の交流を深めた」（Cummins, 2021a, p.368）といっています。最近は移住者児童生徒が持ち込む言語の数が多いために、学校のなかにバイリンガルプログラムを創設することは不可能に近いのですが、「教師がアイデンティティ・テキストのような指導ストラテジーを駆使して、母語を認知力のツールとして使うこと、また複数言語使用者であることに対して誇りを持つように**促すことはできるはずだ**」といっています（Cummins, 2021a, p.11）。いい換えると、アイデンティティ・テキストの存在だけで母語が伸びるわけではありませんが、母語に対する生徒の姿勢や態度を変えることができるといっています。

　これでどのレクチャーでもアイデンティティ・テキストの例が丁寧に紹介された理由がお分かりになると思います。ただその例が現地語はゼロに近いが、家庭言語を生き生きと使うことができる移住児童生徒が多かったため、いろいろ疑問を持たれた読者もいるでしょう。確かに実際の現場ではいろいろな背景の子どもがいます。母語がすでに消えてしまった現地生まれの子、親の母語で話すことはできるが読み書きがゼロの子、親の話は概ね理解するが応答はすべて現地語という習慣がついてしまった子、親は現地語が片言、子どもは親の言語が片言であるため親子の意思疎通が困難な子など、さまざまです。このように多様な子どもが混在する場合は、アイデンティティ・テキストという活動にどのように取り組めばいいのでしょうか。日本の地域の継承語学校の例ですが、継承語に加えて日本語を使ってもいいとなると、年少者の場合は、仲間同士で日本語を使用する子どもが急増、教師の指示に反して、教室で継承語を使おうとしなくなるのではないかというような危惧もあります。

　そこで、これらの点についてカミンズ教授に質問をしてみたところ、教授の答えは「指導の工夫次第で強い言語が弱い言語を教室から追い出すような状況は**避けられる**と思う」ということでした。そして2021年の新著の第11章にさまざまなストラテジーや取り組みを紹介したということでした。家庭の言語環境がどのような状況であっても、教室内の教師と子どものインターパーソナルな空間において、「対話を通してアイデンティティを肯定する（identity-affirming）状況」ができれば、それがきっかけに

なって学習に前向きに取り組んだり、好きな作品作りに自らを投資したり、また自分のルーツ語に対して積極的に学ぼうとするきっかけになるということでした。

　今回のレクチャーシリーズで一点、特記すべき点があります。それは複数の言語を「意味ある形で接触させる」「関連づけて使う」「つなげる」という表現です。クロスリングィスティック教育論や欧州の複数言語主義の説明でも、**言語の産出面における言語間コンタクトの促進**という同じような表現が出てきます。この「産出面」とは何でしょうか。この点についてもカミンズ教授に確認したところ、「言語を児童生徒の現地語と家庭言語を**互いに関連づけて指導すべきだ**」という意味だそうです。そして実例としてケベック州（フランス語圏）の小学校のバイリンガル絵本の読み聞かせの例を挙げてくださいました。

　　言語A（英語）と言語B（フランス語）の両方を伸ばすために、両言語
　　で出版されている物語を選び、授業の初めに、言語Aで読んだ部分
　　のサマリーを言語Bでして、それからその当日読む部分を言語Bで読
　　むということです。　　　　　　　　　　　　　　　　（Lysterほか, 2009）

　つまり言語A、Bを使って1冊の物語を理解し、両言語の読解力を伸ばすということです。ちなみに、トランスランゲージングという用語が初めて使われたというウェールズ語と英語のバイリンガル教育でも、インプットとアウトプットの言語を意図的に交替して使用する取り組みがありますが、これも教師の意図的な指導上の工夫につながるものだと思います（資料 レクチャーⅢスライド30［p.220］）。

9. トランスランゲージング教育論――CTTとUTT

　「トランスランゲージング」（TL）はもともと多面的なコンセプトであり、複数の部屋のある一軒家のようだといわれています（Jaspers, 2018, p.2）。その1つの部屋である教育的トランスランゲージングですが、さらに実践

上の問題と、理論的根拠とを分ける、つまり 2 つの小部屋に分ける必要があります。**実践面**ではほぼ同じでも、**理論面**では大きく異なるというかなり歪な状況です。

まず**実践面**ですが、カミンズ教授とガルシア教授がそれぞれ TL 論を次のように定義しています。

カミンズ教授の TL 論 CTT：

「児童生徒が教科の課題や活動を行う際に、児童生徒が持つマルチリンガルな言語レパートリーすべてが使えるように計画（デザイン）された指導のこと」　　　　　　　　　　　（資料 レクチャーⅢスライド 30［p.220］）

ガルシア教授の TL 論 UTT：

「TL とは、バイリンガル自身が、自らのバイリンガルの世界を実現するために行う多種多様な行動・実践」　　　　　（Garcia, 2009, p.45）

カミンズ教授の TL 論の定義は、教科学習における指導上のストラテジーの 1 つという指導者である教師側の視点に立った定義であるのに対して、ガルシア教授の TL 論の定義は、生徒がタスクを遂行する際に、その生徒の選択に任せた複数言語の使用のあり方を反映しており、明らかに学習者の立場に立った定義になっています。ところで、レクチャーⅢでカミンズ教授は、理論面はともかく、実践面では CTT と UTT とは、次の 5 点で共通しているという指摘をしています（資料 レクチャーⅢスライド 33［p.222］）。

1. 言語とは社会的に構築されたもの（socially constructed）、つまり社会のさまざまな状況によって変化してきたものと考える
2. 指導上、2 言語を厳格に切り離して教えることには反対、つまり「2 つの孤独」（pp.83-84）のアプローチに反対する
3. 言語マイノリティ児童生徒が学校に持ち込む家庭言語を価値のないものとして切り捨てることを非難する

4. CTTもUTTもマルチリンガルにはダイナミックな認知機能がある
     ことを認める
  5. どちらの理論も児童生徒の生活に密着して言語レパートリー全体を
     活用することが、社会公正や教育機会の均等を勝ち取る上で重要だ
     という認識を共有する

 以上の5点のほか、「マルチリンガルのアイデンティティ」の確立とい
う面でも、また教師像や生徒像でも共通点があります。
 では、理論面における両者の立場はどうなのでしょうか。カミンズ教授
の講義をまとめると、次のようになります。

理論面のCTTのTL論（資料 レクチャーⅢスライド33-35［pp.222-223］）
  1. 個人の言語・認知システムのなかで、複数の言語が存在することを
     認める。その根拠の1つとして、バスク語とスペイン語の失語症患
     者がそれぞれの言語によって言語機能の損傷の箇所も質も大きく異
     なる例を挙げている（資料 レクチャーⅢスライド35［p.223］）。
  2. 言語間の境界は流動的である。
  3. 言語は、個人の認知機能・言語機能においてダイナミックに交差し
     合い、互いに関係し合うものである。
 教育的TLの指導上の最大の課題は、言語の境界を超えて、複数言語
が産出面で互いに接触し合うようにすることである。

理論面のUTTのTL論（資料 レクチャーⅢスライド31, 32［p.221］）
  1. マルチリンガルの言語体系は未分化であり、言語間の境界ははっき
     りしてしない（状況に合わせて柔軟に2つの言語、あるいはいくつかの地
     域語を混ぜて使う場合もある）。
  2. 複数形の名詞の 'languages' は、言語的にもまた認知的にも心理的
     にも実体がないため認識されないが、動詞の 'languaging' は行動
     として認識することができる。
  3. 以上を根拠にコードスイッチング、複言語主義、加算的バイリンガ

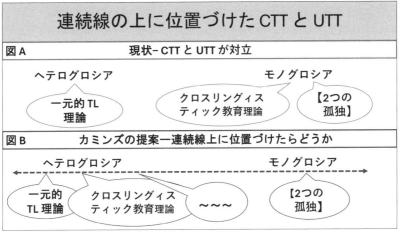

(Cummins, 2021a, p. 268 と p.303 より作成)

リズム、2言語基底共有説（CUP）、言語間転移の促進のための指導も、モノグロシックな概念を示唆するものとして否定。

さらにカミンズ教授は、ガルシア教授の一元的TL教育論（UTT）とカミンズ教授提唱のクロスリングィスティック／TL教育論（CTT）を、2つの対立したものとして捉えている状態を図で表すと図Aのようになるが、実際は両者の間にそんなに大きな違いがあるわけではない。したがって、図Bのように、連続線上に両者を位置づけたらどうかという提案をしています。つまり、モノグロシアからヘテログロシアを1つの線上にあるものと位置づけ、CTTをヘテログロシアの一種としてUTTと併記するということです。

10. これからの日本の学校のあり方・教師のあり方
　　　──佐藤郡衛先生（指定討論者）のスライドを踏まえて

カミンズ教育理論や指導方針は、国内および海外の言語マイノリティの教育に、これまでどのように貢献してきたのでしょうか、またこれからの日本の学校のあり方や教師のあり方にどのようなインパクトがあるので

しょうか。レクチャーⅡの指定討論者として登壇された佐藤郡衛先生[24]のお話を踏まえて要点をまとめてみました。佐藤先生は、海外子女教育、帰国子女教育、外国人児童生徒教育に長年深く関わってこられ、その分野の第一人者であり、この課題に対してご意見をいただく上で最適な方です[25]。

10.1 カミンズ教育理論の貢献に関する佐藤郡衛先生の6つのポイント

1. 日本の教育関係者には、カミンズ先生の理論が広く浸透している。特に教師や指導者対象の研修で［その理論が］紹介されることが多い。（スライド5、11）
2. 外国にルーツを持つ子どもの教育はすでに本格化して30年経過しているが、その間のさまざまな施策のなかで、カミンズ教授の理論に依拠したものが多い。そのよい例が文科省が開発した「JSLカリキュラム」である。（スライド11）
3. 海外の日本人学校や補習校の教育でも、バイリンガル・バイカルチュラルな視点からの取り組みのなかで国際結婚家庭や永住者の子どもの「母語」を生かした教育、つまり「**継承日本語教育**」の視点に基づいた教育などを通して、カミンズ理論が役に立っている。（スライド10）
4. 社会的マイノリティの教育、例えば、同和教育や在日コリアンの教育などの実践において「変革的な学びの視点」からこれまでの実践の見直しが可能になる。（スライド12）
5. 今後の課題となる「子ども観の転換」として次の4点を挙げています。（スライド4）

---

[24] 東京学芸大学教授を長年務められ、目白大学学長等を経て現在、国際交流基金日本語国際センター長。
[25] 佐藤郡衛教授のパワーポイントのスライド資料は、BMCNの2022年度年次大会資料として閲覧可能。URLは以下の通り。https://11441175-c13c-4ed8-9fde-5971394a5de3.usrfiles.com/ugd/114411_3fdfb29138884b808ce9ae4ec7548555.pdf ただし非会員の場合は、BMCN会員B（会費無料）として事前登録が必要。

①日本では「日本語指導が必要な児童生徒」という定義が一般的であるが、これは「欠損」という捉え方である。[○○語ができる子という前向きの捉え方が必要]

②海外の日本人学校、補習授業校の国際結婚家庭の子どもなども日本語ができないため「低学力」というレッテルが貼られることが多い。

③否定的な見方は子どもに伝わり、子どもの意欲や学習達成の低下につながるという[カミンズ教授の]指摘は重要である。

④子どもの言語的・文化的背景を肯定的に捉えることで、教師の実践も変化する。

6. **政策的な観点**から次の諸点の必要性を強調しています。

①教科学習と同時に**教科横断的な総合的な学習活動が必要**（スライド8）

②**変革的な学習**の必要性（スライド8）

③このために**行政主導型**から**学校・教師主導型のカリキュラム開発**が必要（スライド8）

④「**年少者日本語教育**」という領域の成立、実証的な研究の実績（スライド11）

⑤これからの日本の教育を進める上で今回の話[レクチャーⅡ]はとても重要（スライド11）

⑥[言語マジョリティ児童生徒を対象にした]日本語を軸にした**二言語教育の理論化**（スライド13）

⑦日本では知見がない**「継承語としての日本語教育」の教師養成や研修が必要**、ぜひ[カミンズ教授の]ご教示をいただきたい（スライド15）

10.2　年少者日本語教育と継承語教育の確立と教師養成・研修の必要性

佐藤群衛先生のご指摘のなかで極めて重要だと思われる点が2点あります。1つは、6.の④の「年少者日本語教育」という領域の成立で、もう1つは、6.の⑦の「継承語としての日本語教育」の教師養成や研修です。大

学生・成人を中心とした日本語教育とは異なり、言語形成期にある年少者の場合は、年齢差を踏まえた到達目標の設定が必要です。子どもの認知面、社会面の発達度も考慮に入れなければなりません。日本語プログラムも、外国人児童生徒のための日本語教育、イマージョン方式の日本語、外国語としての日本語、継承語としての日本語など、学習環境が多様です。このように年少者の場合は、年少者に特化した参照枠が必要です。2021年に成人の日本語使用者の日本語を評定するために、CEFRに準拠した「日本語教育の参照枠」が作成されましたが、年少者のためにはカリキュラムも、指導方針も、また評価においても、アカデミック言語（つまり教科学習言語能力）に焦点を当てたものが必要です。DLSを中心に語彙、文法、文字表記を中心とした指導は幼児から小学校低学年には役に立ちません（例えば、文科省総合教育政策局（2019）の『外国人児童生徒受け入れの手引き』の「日本語基礎」(p.22) など）。佐藤先生が指摘されたように「**年少者日本語教育**」という領域の確立、実証的な研究の実績を積む必要があるのです。

　同じく3.「**継承日本語教育**」ですが、「日本では知見がない」ものと佐藤先生が述べられていますが、国内ではまさにその通りでしょう。ただ国外では、本節の5.2 (p.140) で述べたように、海外在住の日本人が「継承語としての日本語」の必要性を感じて、世界各地に広まった日本語教育の一領域です。カミンズ教授が提唱するように、家庭で使われる親の言語（子どもにとっての継承語）は学校言語の基盤になるものです。日本語教育推進法で家庭言語の重要性が認められましたが、残念なことに日本ではそれが一般通念にはなっていません。家庭言語の重要性を強調する教師養成、教師研修が必要であることは明らかですが、継承語の数が多くなるにつれ、保護者である外国人が担い手になるため、日本人の有志にできることには限界があります。この意味でも日本は、于濤さんのような日本語以外の言語を母語・継承語とする教育者の数を増やし、各地の外国人児童生徒の数の多い公立学校に配属する努力をすべきでしょう。

11. おわりに——マルチリンガル教育論と年少者のための「ことばの教育の参照枠」

　カミンズ教授のTL教育論（CTT）もガルシア教授の一元的TL論（UTT）も、マルチリンガル環境で育つ言語マイノリティの子どもたちにただ現地語の学習を押し付けるのではなく、子どもたちが家庭で触れている言語も含めてすべての言語を学校でも使用することが子どもにとって健全なアイデンティティの獲得の上でも社会公正性の向上の面でも重要だとしています。その方法として、カミンズ教授が提唱しているのは、複数の言語を互いに関連づけながら使う場を学校、学級のなかに教師が意図的に設けることです。そうすることによって、複数言語環境で育つ子どもたちが、自分の背景に誇りを持つことができ、クラスの中でマルチリンガルとしての居場所を獲得することによって、健全なアイデンティティが育つというのです。そして学校で家庭言語を使用することこそが、保護者やコミュニティとの連携を深めることにつながるともいっています。

　もう一点、カミンズ教授とガルシア教授らがどちらも強調しているのは、教師自身は現地語のモノリンガルであっても、複数言語環境で育つ子どもを教えることは可能だということです。ただ真嶋グループの中国人教師のように、家庭言語を実際に使える教師が学校に1人でもいることが、学校・生徒・保護者にとって大きなプラスになることは確かです。このようなニーズに留意した、時代の要請にマッチした教師養成プログラムが望まれるところです。

　具体的な指導の実践例としては、本章146ページで触れたガルシア教授らの『トランスランゲージング・クラスルーム——子どもたちの複数言語を活用した学校教師の実践』（2024）が参考になります。小学校4年生、中学生、高校生の生徒に教えるに当たって現場の教師が必要とするカリキュラム、教材、活動、評価などについて詳細な説明があります。そのなかには英語しか話さないモノリンガル教師の取り組みもあります。『トランスランゲージング・クラスルーム』はその実践例を通して、教師自身が現地語モノリンガルであっても、複数言語環境で育つ子どもをバイリンガル・

マルチリンガルに育てることが可能であることを示しています。

ただ複数言語の育成を目的とするマルチリンガル教育は日本の将来に向けての大きな挑戦であり、今後さまざまな理論的、また実践的な取り組みの積み重ねが必要な領域です。佐藤郡衛先生が指摘された「行政主導型から学校・教師主導型のカリキュラムの開発」（6.の③）を可能にするためにも、カミンズ教授が提案された図B（p.153）のように、視点の異なる指導理念を横並びに併記するなど、さまざまな角度からの理論面・実践面における実証的な研究が必要とされています。視点の異なる指導方針を横並びに併記することによって、「学校・教師主導型のカリキュラムの開発」（佐藤郡衛先生提唱の 6.の③［p.155］）が可能になるのではないでしょうか。

この点で新しい試みとして評価されるのが、2023年度から文科省の継続委託事業として現在進行中の国内の外国人児童生徒のための新しい評価法「ことばの教育の参照枠」（櫻井, 2024, pp.56-57）の開発です。その内容について、次のように説明しています。

> 「**ことばの教育の参照枠**」はDLA[26]に従ってCLD児のことばの力をステージ1から6で捉えるのだが、この評価法がこれまでのものと大きく異なる点は、CLD児の日本語と母語と（滞日期間・入国年齢を含む）学習環境との関係を示した上で、記述文を、トランスランゲージング教育論（Garcia et al., 2017）を参考に「**いずれかの言語／すべての言語レパートリーを使ってできること（複数言語での横断的な能力）**」と「**日本語固有の知識・技術**」に分けて記述しようとした点である。前者は生徒が持っている言語レパートリーをすべて使って何を理解し何ができるかという点をみようとするもので、より認知的な側面が強調される力である。
>
> （強調は引用者による）

26　DLAは、文部科学省が2014年に開発した「外国人児童生徒のためのJSL対話型アセスメント（Dialogic Language Assessment）」のこと。マルチリンガル環境で育つ年少者の複数言語の会話力を測るためにカナダ日本語教育振興会が開発したOBC（Oral Proficiency Assessment for Bilingual Children）をベースに開発されたもの。

理論面の対立とは別に、現場で必要となるマルチリンガル理論にもとづく日本発信の指導や評価のあり方を新しく生み出していく上で、参考になるものの１つとして大いに期待しています。

参考文献

Auerbach, E. (1993). Reexamining English only in the ESL classroom. *TESOL Quarterly*, 27, 9-32.

August, D. & Shanahan, T. (Eds.) (2006). *Developing literacy in second-language learners. Report of the national literacy panel on language-minority children and youth.* Mahwah, NJ: Lawrence Erlbaum Associates Publishers.

Baker, C. (2001). *Foundations of bilingual education and bilingualism.* Clevedon, UK: Multilingual Matters.

Bakhtin, M. M. (1935/1981). *The dialogic imagination: four essays.* Austin: University of Texas Press.

Berthele, R. & Lambelet, A. (Eds.) (2017). *Heritage and school language literacy development in migrant children: Interdependence or independence?* Bristol, UK: Multilingual Matters.

Berthele, R. & Lambelet, A. (2017). Investigating interdependence and literacy development in heritage language speakers: Theoretical and methodological considerations. In R. Berthele & A. Lambelet (Eds.), *Heritage and school language literacy development in migrant children: Interdependence or independence?* (pp. 1-25). Bristol, UK: Multilingual Matters.

Berthele, R. & Vanhove, J. (2020). What would disprove interdependence? Lessons learned from a study on biliteracy in Portuguese heritage language speakers in Switzerland. *International Journal of Bilingual Education and Bilingualism*, 23(5), 550-566.

Bhatt, R. M. & Bolonyai, A. (2019). On the theoretical and empirical bases of translanguaging. *Working Papers in Urban Language & Literacies. Paper 254*, 1–25.

Bhatt, R. M. & Bolonyai, A. (2022). Codeswitching and its terminological other — Translanguaging. In J. MacSwan (Ed.), *Multilingual perspectives on translanguaging* (pp.154-180). Bristol, UK: Multilingual Matters.

Blackledge, A. & Creese, A. (2010). *Multilingualism: A critical perspective.* New York: Continuum.

Blackledge, A. & Creese, A. (Eds.) (2014). *Heteroglossia as practice and pedagogy.* Springer.

Bialystok, E. & Peets, K. (2014). Producing bilinguals through immersion education:

Development of metalinguistic awareness. *Applied Psycholinguistics*, 35(1), 177-191.

Bonacina-Push, F., Da Costa Cabral, I. & Huang, J. (2021). Translanguaging in education. *Language Teaching*, 10(3), 1-33.

Bostwick, R. M. (1999). A Study of an elementary English language immersion school in Japan. Doctoral dissertation, Temple University, Japan, ProQuest, UMI Dissertations Publishing, 1999. 9921151.

Canadian Association for Japanese Language Education (2000). *Oral proficiency assessment for bilingual children*. Toronto, Ontario: Canadian Association for Japanese Language Education.

Celic, C. & Seltzer, K. (2011/2013). *Translanguaging: A CUNY-NYSIEB guide for educators*. New York, NY: CUNY-NYSIEB, The Graduate Center, The City University of New York. Retrieved from https://www.cuny-nysieb.org/Translanguaging-resources/translanguaging-guides/

Chomsky, N. (1965). *Aspects of the theory of syntax*. Cambridge, Massachusetts: MIT Press

Chow, P. & Cummins, J. (2003). Valuing multilingual and multicultural approaches to learning. In S. R. Schecter & J. Cummins (Eds.), *Multilingual education in practice: Using diversity as a resource* (pp. 32–61). Portsmouth, NH: Heinemann.

Cohen, A. (1994). The language used to perform cognitive operations during full-immersion math tasks. *Language Testing*, 11, 171-195.

Conteh, J. & Meier, G. (Eds.) (2014). *The multilingual turn in languages education: opportunities and challenges*. Clevedon: Multilingual Matters.

Creese, A. & Blackledge, A. (2010). Translanguaging in the bilingual classroom: a pedagogy for learning and teaching? *The Modern Language Journal*, 94(1), 103-115.

Cummins, J. (1976). The influence of bilingualism on cognitive growth: a synthesis of research findings and explanatory hypotheses. *Working Papers on Bilingualism*, No. 9, 1-43.

Cummins, J. (1979a). 'Cognitive/ academic language proficiency, linguistic interdependence, the optimum age question and some other matters. *Working Papers on Bilingualism*, 19, 121-129.

Cummins, J. (1979b). Linguistic interdependence and the educational development of bilingual children. *Review of Educational Research*, 49, 222-251.

Cummins, J. (1981a). The role of primary language development in promoting educational success for language minority students. In California State Department of Education (Ed.), *Schooling and language minority students: A theoretical framework* (pp. 3-49). Los Angeles: Evaluation, Dissemination and Assessment Center, California State University.

Cummins, J. (1981b). Age on arrival and immigrant second language learning in Canada: A reassessment. *Applied Linguistics*, 2(2), 132-149.

Cummins, J. (1984). *Bilingualism and special education: Issues in assessment and pedagogy*. Clevedon: Multilingual Matters.

Cummins, J. (1989). *Empowering minority students*. Sacramento: California Association of Bilingual Education.

Cummins, J. (2000). *Language, power and pedagogy: bilingual children in the crossfire*. Clevedon: Multilingual Matters.

Cummins, J. (2001). *Negotiating identities: Education for empowerment in a diverse society*. (2nd Edn.) Los Angeles: California Association for Bilingual Education.

Cummins, J. (2007). Rethinking monolingual instructional strategies in multilingual classrooms. *The Canadian Journal of Applied Linguistics*, 10, 221-240.

Cummins, J. (2009). Transformative multiliteracies pedagogy: School-based strategies for closing the achievement gap. *Multiple Voices for Ethnically Diverse Exceptional Learners*, 11, 38-56.

Cummins, J. (2017a). Teaching minoritized students: Are additive approaches legitimate? *Harvard Educational Review*, 87(3), 404-426.

Cummins, J. (2017b). Teaching for transfer in multilingual school contexts. In O. Garcia & A. Lin (Eds.), *Bilingual and multilingual education, Encyclopedia of language and education* (103-116). New York: Springer International Publishing AG.

Cummins, J. (2019). The emergence of translanguaging pedagogy: A dialogue between theory and practice. *Journal of Multilingual Education Research*, 9(1), 9-36.

Cummins, J. (2021a). *Rethinking the education of multilingual learners: A critical analysis of theoretical claims*. Bristol, UK: Multilingual Matters.

Cummins, J. (2021b). Translanguaging: A critical analysis of theoretical claims. In P. Juvonen & M. Källkvist (Eds.), *Pedagogical translanguaging: Theoretical, methodological and empirical perspectives* (Vol. 132) (pp. 7-36). Bristol: Multilingual Matters.

Cummins, J. (2022a). Pedagogical translanguaging: Examining the credibility of unitary versus crosslinguistic translanguaging theory. *CAHIERS DE L'ILOB/ OLBI Journal*, 12, 33-55.

Cummins, J. (2022b). Evaluating theoretical constructs underlying plurilingual pedagogies: Teachers as knowledge-generators and agents of language policy. In E. Piccardo, A. Germain-Rutherford & G. Lawrence (Eds.), *The Routledge Handbook of Plurilingual Language Education* (pp. 112-129). New York: Routledge.

Cummins, J. (2024). Pedagogical translanguaging: Assessing the credibility of theoretical claims. *Paper presented at the Montpellier Conference (March 19)*.

Cummins, J. & Early, M. (Eds.) (2011). *Identity texts: The collaborative creation of power in multilingual schools*. Stoke-on-Trent, England: Trentham Books.

Cummins, J., Hu, S., Markus, P. & Montero, M. K. (2015). Identity texts and academic achievement: Connecting the dots in multilingual school contexts. *TESOL Quarterly*, 49(3), 555-581.

Cummins, J. & Man Yee-Fun, E. (2007). Academic language: What is it and how do we acquire it? In J. Cummins & C. Davison (Eds.), *International handbook of English language teaching*, 2 (pp. 797-810). New York, NY: Springer.

Cummins, J. & Swain, M. (1986). *Bilingualism in education: Aspects of theory, research and practice*. London: Longman.

Cummins, J., Swain, M., Nakajima, K., Handscombe, J., Green, D. & Tran, C. (1984). Linguistic interdependence among Japanese and Vietnamese immigrant students. In C. Revera (Ed.), *Communicative competence approaches to language proficiency assessment: Research and applications* (pp. 61-81). Clevedon, UK: Multilingual Matters.

DeFazio, A. J. (1997). Language awareness at the International High School. In L. Van Lier & D. Corson (Eds.), *Knowledge about language. Encyclopedia of language and education* (pp. 99-107). Dordrecht: Kluwer Academic Publishers, Inc.

Dressler, C. & Kamil, M. (2006). First- and second-language literacy. In D. August & T. Shanahan (Eds.), *Developing literacy in second-language learners. Report of the national literacy panel on language-minority children and youth* (pp. 197-238). Mahwah, NJ: Lawrence Erlbaum Associates Publishers.

Ferdman, B. M. & Hakuta, K. (1985). A population perspective on bilingualism in Puerto Rican children. Paper presented at the meeting of the Society for Research in Child Development, Toronto, Canada

Flores, N. (2020). From academic language to language architecture: Challenging raciolinguistic ideologies in research and practice. *Theory into Practice*, 59(1), 22-31. doi:10. 1080/00405841.2019.16655411.

Flores, N. & Rosa, J. (2015). Undoing appropriateness: Raciolinguistic ideologies and language diversity in education. *Harvard Educational Review*, 85(2), 149-171.

Francis, D., Lesaux, N. & August, D. (2006). Language of instruction. In D. August & T. Shanahan (Eds.), *Developing literacy in second-language learners: report of the national literacy panel on language-minority children and youth. Executive summary* (pp. 365-413). Lawrence Erlbaum Associates Publishers.

Freire, P. (1970). *The pedagogy of the oppressed*. New York: Herder and Herder.

Gallagher, E. (2011). Weaving other languages and cultures into the curriculum in international schools. In J. Cummins & M. Early (Eds.), *Identity texts: The Collaborative creation of power in multilingual schools*. 76-81. Stoke-on-Trent, England: Trentham Books.

Gallagher, E. (2015). *Oxford international English early years: The glittlerings glot meets Bo the Panda 10 Pack*. Oxford University Press.

García, O. (2009). *Bilingual education in the 21st century. A global perspective*. Boston: Basil Blackwell.

García, O., Flores, N., Seltzer, K., Li Wei, Otheguy R. & Rosa, H. (2021). Rejecting abyssal thinking in the language and education of racialized bilinguals: A manifesto. *Critical Inquiry in Language Studies*. Vol. 18, No. 3, 203-228.

García, O., Johnson, S. & Seltzer, K. (2016). *The Translanguaging classroom: leveraging student bilingualism for learning*. Philadelphia, PA: Caslon.

Garcia, O. & Kano, N. (2014). Translanguaging as process and pedagogy: Developing the English writing of Japanese students in the US. In J. Conteh & G. Meier (Eds.), *The Multilingual turn in languages education: opportunities and challenges* (pp.258-277). Bristol, UK: Multilingual Matters.

Garcia, O. & Kleifgen, J. A. (2020). Translanguaging and literacies. *Reading Research Quarterly*, (55), Issue 4. 553-571.

García, O. & Kleyn, T. (Eds.) (2016). *Translanguaging with multilingual students: Learning from classroom moments*. New York, NY: Routledge.

García, O. & Li Wei. (2014). *Translanguaging: Language, bilingualism and education*. London: Palgrave MacMillan.

García, O. & Lin, A. M. Y. (2016). Translanguaging in bilingual education. In O. Garcia & A. M. Y. Lin (Eds.), *Bilingual and multilingual education* (Encyclopedia of language and education Vol. 5) (pp. 117–130). Dordrecht: Springer.

Garcia, O. & Sylvan, C. E. (2011). Pedagogies and practices in multilingual classrooms: Singularities in pluralities. *Modern Language Journal*, 95(3), 385-400. Doi:10.1111/i.1540-4781.2011.12308.x0026-7902/ 11/385-400

Genesee, F. & Lindholm-Leary, K. (2007). Dual language education in Canada and the U.S.A. In Hornberger, N. H., *Encyclopedia of language and education*. Springer.

Genesee, F., Lindholm-Leary, K., Saunders, W. M. & Christian, D. (Eds.) (2006). *Educating English language learners: A synthesis of research evidence*. New York: Cambridge University Press.

Goto Butler, Y. (2012). Bilingualism/multilingualism and second-language acquisition. In Bhatia, T. K. & Ritchie, W. C. (Eds.), *The handbook of bilingualism and multilingualism*, (2nd Edn.) (pp. 109-136). Blackwell Publishing.

Guthrie, J. T. (2004). Teaching for literacy engagement. *Journal of Literacy Research*, 36(1), 1-30.

Hakuta, K. (1976). A case study of a Japanese child learning English as a second language. *Language Learning*, 26, 321-351.

Hakuta, K. (1984). The Causal Relationship between the Development of Bilingualism, Cognitive flexibility, and Social-cognitive skills in Hispanic elementary school children. Final report prepared for the National Institute for Education. Photocopy.

Hakuta, K. & Diaz, R. (1985). The Relationship between degree of bilingualism and cognitive ability: a critical discussion and some new longitudinal data. In K. E. Nelson (Ed.), *Children's language*, 5 (pp. 319-344). Hillsdale, NJ: Lawrence Erlbaum Associates.

Hakuta, K. (1986). *Mirror of language: The debates on bilingualism*. New York: Basic Books.

Howatt, A. (1984). *A history of English language teaching*. Oxford: Oxford University Press.

Ibbitson, J. (2017). Why you can thank multiculturalism for Canada's strong population growth. *The Globe and Mail*. May 03, 2017.

Jaspers, J. (2018). The transformative limits of translanguaging. *Language and Communication*, 58, 1-10.

Kano, N. (2012). Japanese community schools: New pedagogy for a changing population. In O. Garcia, Z. Zakharia & B. Otcu-Grillman (Eds.), *Bilingual community education and multilingualism: Beyond heritage languages in a global city* (pp. 99-112). Bristol, UK: Multilingual Matters.

Ladson-Billings, G. (1994). *The Dreamkeepers: successful teachers of African American children*. San Francisco: Jossey-Bass Publishers.

Ladson-Billings, G. (1995). Toward a theory of culturally relevant pedagogy. *American Educational Research Journal*, 32, 465–491.

Lambert, W. E. (1984). An overview of issues in immersion education. In California State Department of Education (Ed.), *Studies on immersion education: A collection for United States educators* (pp. 8-30). Sacramento: California State

Lambert, W. E. & Tucker, G. R. (1972). *Bilingual education of children: The St Lambert experiment*. Rowley, MA: Newbury House.

Leoni, L., Cohen, S., Cummins, J., Bismilla, V., Bajwa, M., Hanif, S., Khalid, K. & Shahar, T. (2011). I'm not just a colouring person: Teacher and student perspectives on identity text construction. In J. Cummins & M. Early (Eds.), *Identity texts: The collaborative creation of power in multilingual schools* (pp. 45-57). Stoke-on-Trent, UK: Trentham Books.

Le Pichon, E. (2020). Digital literacies and language-friendly pedagogies: where are we now? School Education Gateway. Retrieved from: https://school-education.ec.europa.eu/en/discover/viewpoints/digital-literacies-and-language-friendly-pedagogies-where-are-we-now

Le Pichon, E. & Kambel, E. R. (2022). The language friendly school: An inclusive and equitable pedagogy. *Childhood Education*, 98, Issue 1. 42-49.

Lewis, G., Jones, B. & Baker, C. (2012). Translanguaging: Origins and development from school to street and beyond. *Educational Research and Evaluation*, 18(7), 641–

654. http://dx.doi.org/10.1080/13803611.2012.718488

Lindholm-Leary, K. J. & Borsato, G.（2006）. Academic achievement. In F. Genesee, K. Lindholm-Leary, W. Saunders & D. Christian（Eds.）, *Educating English language learners*（pp. 176-222）. NY: Cambridge University Press.

Lucas, T. & Katz, A.（1994）. Reframing the debate: The roles of native languages in English-only programs for language minority students. *TESOL Quarterly*, 28, 537-562.

Lyster, R., Collins, L. & Ballinger, S.（2009）. Linking languages through a bilingual read-aloud project. *Language Awareness*, 18, 366-383.

MacLennan, H.（1945）. *Two Solitudes*. Armed Services Edition 932.

MacSwan, J.（2017）. A multilingual perspective on translanguaging. *American Educational Research Journal*, 54(1), 167–201. doi:10.3102/0002831216683935

MacSwan, J.（2022）. Introduction: Deconstructivism—A reader's guide. In J. MacSwan（Ed.）, *Multilingual perspectives on translanguaging*（pp. 1-41）. Bristol, UK: Multilingual Matters.

MacSwan, J.（Ed.）（2022）. *Multilingual perspectives on translanguaging*. Bristol, UK: Multilingual Matters.

Majima, J., Nakajima, K., Sakurai, C., Sun, C., Wuriga & Yu, T.（2022）. *Emergent bilinguals and educational challenges at public schools in Japan: a longitudinal study of first- and second-generation Chinese children's bilingual proficiency*. Osaka University Press.

Majima, J. & Sakurai, C.（2021）. A longitudinal study of emergent bilinguals among Chinese pupils at a Japanese public school: A focus on language policies and inclusion. In L. Mary, A-B. Krüger & A. S. Young（Eds）, *Migration, multilingualism and education*（pp. 93-110）. Bristol, UK: Multilingual Matters.

Makoni, S. & Pennycook, A. D.（Eds.）（2007）. *Disinventing and reconstituting languages*. Clevedon: Multilingual Matters.

Mary, L., Kruger, A-B., Young, A. S.（Eds）（2021）. *Migration, multilingualism and education: Critical perspectives on inclusion*. Bristol: Multilingual Matters.

May, S.（2014）. *The Multilingual turn: Implications for SLA, TESOL, and Bilingual education*. New York: Routledge.

May, S.（2023）Afterword: The multilingual turn, super-diversity and translanguaging—The rush from heterodoxy to orthodoxy. In J. MacSwan（Ed.）, *Multilingual perspectives on translanguaging*（pp. 343-345）. UK and US: Multilingual Matters.

Nakajima, K.（2016）. Cross-lingual transfer from L1 to L2 among school-age children. In M. Minami（Ed.）, *Handbook of Japanese Applied Linguistics*（pp. 98-125）. Boston/Berlin: De Gruyter Mutton.

National Academies of Sciences, Engineering and Medicine（NASEM）（2017）. *Promoting the educational success of children and youth learning English: Promising futures. Washington, DC: The National Academies Press. doi:10.17226/24677.

Neuman, S. B. & Celano, D. (2001). Access to print in low-income and middle-income communities: An ecological study of four neighbourhoods. *Reading Research Quarterly*, 36, 8-26.

OECD (2004). *Learning for tomorrow's world-first results from PISA 2003*. Paris: OECD. Retrieved from https://read.oecd-ilibrary.org/education/learning-for-tomorrow-s-world_9789264006416-en#page1

OECD (2010). *PISA 2009 Results: Learning to learn—Student engagement, strategies and practices* (Volume III). Paris: OECD. Retrieved from http://www.oecd.org/dataoecd/11/17/48852630.pdf

Otheguy, R., Garcia, O. & Reid, W. (2015). Clarifying translanguaging and deconstructing named languages: A perspective from linguistics. *Applied Linguistics Review*, 6(3), 281-307. Doi:10.1515/applirev-2015-0014

Otheguy, R., Garcia, O. & Reid, W. (2019). A translanguaging view of the linguistic system of bilinguals. *Applied Linguistics Review*, 10(4), 625-651.

Piccardo, E. (2016). Plurilingualism: Vision, conceptualization, and practices. In P. Trifonas & T. Aravossitas (Eds.), *Handbook of research and practice in heritage language education* (pp. 1-17). New York, NY: Springer Science + Business Media LLC. Doi:10.1007/978-3-319-38893-9_47-1

Rabiee-Ahmed, A. & Mohamed, A. (2024). Perceptions of the translanguaging and social identity of heritage learners in an Arabic classroom. *Critical Multilingualism Studies*, 11(1), 165-195. ISSN 2325-2871.

Rata, E. & Tamati, T. S. (2021). *Academic achievement in bilingual and immersion education: TransAcquisition pedagogy and curriculum design*. London: Routledge.

Riches, C. & Genesee, F. (2006). Literacy: Crosslinguistic and crossmodal issues. In F. Genesee, K. Lindholm-Leary, W. M. Saunders & D. Christian (Eds.), *Educating English language learners: A synthesis of research evidence* (pp. 64-108). New York, NY: Cambridge University Press.

Ruiz, R. (1984). Orientations in language planning. *NABE Journal*, 8(2), 15-34.

Sakurai, C. (2018). *Gaikoku ni ruutsu o motsu kodomo no bairingaru dokushoryoku* [Bilingual reading proficiency of children who have roots in foreign countries], Osaka University Press.

Sano, A., Nakajima, K., Ikuta Y., Thomson, H., Nakano T. & Fukukawa M. (2014/2024). Writing abilities of grade 1-9 Japanese-English bilinguals: Linguistic interdependency and AGE, LOR and AOA. *Studies in Mother Tongue, Heritage Language, and Bilingual Education*, 10. 60-90.

Semblante, S. (2016). Translanguaging and the multilingual turn: epistemological reconceptualization in the fields of language and implications for reframing language in curriculum studies. *Curriculum Inquiry*, 46(1), 45-61.

Shuy, R. W. (1978). Problems in assessing language ability in bilingual education programs. In H. Lafontaine, B. Persky & L. Golubchick (Eds.), *Bilingual education* (pp.376-380). Wayne, NJ: Avery Publishing Group Inc.

Skourtou, E., Kourtis-Kazoullis, V. & Cummins, J. (2006). Designing virtual learning environments for academic language development. In J. Weiss, J. Nolan, J. Hunsinger & P. Trifonas (Eds.), *The International handbook of virtual learning environments* (pp. 441-467). New York: Springer.

Tamati, S. T. (2016). Transacquisition pedagogy for bilingual education: A Study in Kura Kaupapa Māori schools. Doctoral dissertation submitted to the University of Auckland.

Valentino, R. A. & Reardon, S. F. (2015). Effectiveness of four instructional programs designed to serve English learners: Variation by ethnicity and initial English proficiency, *Educational Evaluation and Policy Analysis* 20, 1-26. Doi:10.3102/016237.

Vanhove J. & Berthele, R. (2017). Testing the interdependence of languages (HALASCOT Project) in R. Berthele & A. Lambelet (Eds.), *Heritage and school language literacy development in migrant children: Interdependence or independence?* (pp.97-118). Bristol, UK: Multilingual Matters.

Vygotsky, L. S. (1935/1997). The question of multilingual children. In L. S. Vygotsky (Ed.), *The Collected works of L. S. Vygotsky. Vol. 4* (pp. 253-259). NY: Plenum Press.

Vygotsky, L. S. (2000). *Thought and Language* (A. Kozulin, Trans.). Cambridge, MA: Massachusetts Institute of Technology Press.

Williams, C. (1994). Arfarniad o ddulliau dysgu ac addysgu yng nghyd-destrn addysg uwchradd ddwyieithog [An evaluation of teaching and learning methods in the context of bilingual secondary education] (Unpublished PhD thesis). University of Wales, Bangor, UK.

Williams, C. (1996). Secondary education: Teaching in the bilingual situation. In C. Williams, G. Lewis & C. Baker (Eds.), *The Language policy: taking stock* (pp. 39-78). Llangefni, UK: CAI

Williams, C. (2000). Welsh-medium and bilingual teaching in the further education sector. *International Journal of Bilingual Education and Bilingualism*, 3(2), 129-148.

Wright, E. N. & Ramsey, C. (1970). Students of non-Canadian origin: Age on arrival, academic achievement and ability. Research report #88, Toronto Board of Education.

Yu, T. (2019). Japanese language instruction using the mother tongue and heritage language Chinese in a public elementary school. In J. Majima (Ed.), *Emergent bilin-*

guals and educational challenges at public schools in Japan: a longitudinal study of first- and second-generation Chinese children's bilingual proficiency（pp.159-178），Osaka University Press.

Yu, W. (2000). Direct method. In Byram, M. (Ed.), *Routledge encyclopedia of language teaching and learning*（pp. 176-178）. New York: Routledge.

生田裕子（2002）「在日ブラジル人中学生の作文能力におけるバイリンガリズムに関する実証的研究」名古屋大学大学院文学研究科博士論文

レフ・セミョノヴィチ・ヴィゴツキー（柴田義松・森岡修一訳）（1975）『子どもの知的発達と教授』明治図書出版

レフ・セミョノヴィチ・ヴィゴツキー（柴田義松訳）（2001）『思考と言語』新訳版．新読書社

于濤（2019/2024）「公立小学校における母語・継承語を使った日本語指導――中国ルーツ児童を中心に」真嶋潤子編著『［オンデマンド版］母語をなくさない日本語教育は可能か――定住二世児の二言語能力』(pp.159-178) 大阪大学出版会

ウリガ、櫻井千穂（2019/2024）「中国語版対話型読書力評価の開発」真嶋潤子編著『［オンデマンド版］母語をなくさない日本語教育は可能か――定住二世児の二言語能力』(pp. 43-51) 大阪大学出版会

カナダ日本語教育振興会（2000）『子どもの会話力の見方と評価――バイリンガル会話テスト（OBC）の開発』カナダ日本語教育振興会

加納なおみ（2016a）「トランス・ランゲージングを考える――多言語使用の実態に根差した教授法の確立のために」『母語・継承語・バイリンガル教育（MHB）研究』12, 1-22.

加納なおみ（2016b）「トランス・ランゲージングと概念構築――その関係と役割を考える」『母語・継承語・バイリンガル教育（MHB）研究』12, 77-94.

加納なおみ（2017）「多言語話者・多言語使用に関わる概念と教室現場との接点を考える」MHB継承語部会発表資料　2017.8.18.

ジム・カミンズ、中島和子（1985）「トロント補習校小学生の二言語の構造」『バイリンガル・バイカルチュラル教育の現状と課題』(pp.141-179) 東京学芸大学海外子女教育センター

ジム・カミンズ（2011）「越境する言語――複数言語環境の子どもたちのために教師ができること、行政がすべきこと」講演録『大阪大学世界言語研究センター論集』202-220.

ジム・カミンズ（著）、中島和子（著訳）（2011/2021）【新装版】『言語マイノリティを支える教育』明石書店（Amazon Kindle版あり）

ジム・カミンズ、マルセル・ダネシ（著）、中島和子（著訳）、高垣俊之（訳）（2005/2020）『カナダの継承語教育――多文化・多言語主義を目指して』【新装版】明石書店

オフィーリア・ガルシア、スザンナ・イバラ・ジョンソン、ケイト・セルツァー（佐野

愛子・中島和子（監訳））（2024）『トランスランゲージング・クラスルーム——子どもたちの複数言語を活用した学校教師の実践』明石書店

近藤ブラウン妃美・坂本光代・西川朋美（編）（2019）『親と子をつなぐ継承語教育——日本・外国にルーツを持つ子ども』くろしお出版

佐野愛子・中島和子、トムソン・ヘイディ、福川美沙（2024）「海外在住小中学生の日英作文力——言語相互依存性と年齢・滞在年数・入国年齢要因」『母語・継承語・バイリンガル教育（MHB）研究』20周年記念特別号, 93-116.

櫻井千穂（2008）「外国人児童の学びを促す在籍学級のありかた——母語力と日本語力の伸長を目指して」『母語・継承語・バイリンガル教育（MHB）研究』4, 1-26. 母語・継承語・バイリンガル教育（MHB）研究会

櫻井千穂（2018）『外国にルーツを持つ子どものバイリンガル読書力』大阪大学出版会

櫻井千穂（2024）「日本で育つCLD児のことばの力の評価と教育行政施策」（Column 1）『母語・継承語・バイリンガル教育（MHB）研究』20周年記念特別号, 56-57.

佐藤郡衛（2019）『多文化社会に生きる子どもの教育——外国人の子ども、海外で学ぶ子どもの現状と課題』明石書店

中島和子（2010）『マルチリンガル教育への招待——言語資源としての外国人・日本人年少者』ひつじ書房

中島和子（1998/2020）【完全改訂版】『バイリンガル教育の方法——12歳までに親と教師ができること』アルク

中島和子（2021）「オンライン国際フォーラム——グローバル人材を育む国内外の継承語教育推進のために」BMCN主催・国際交流基金「知的交流会議」助成プログラム成果報告書（5月31日）

中島和子・櫻井千穂（2012）『対話型読書力評価』平成21－23年度科学研究費補助金「継承日本語教育に関する文献のデータベース化と専門家養成」（基礎研究（B）、研究課題番号21320096、研究代表者：中島和子）

中島和子・佐野愛子（2016）「多言語環境で育つ年少者のバイリンガル作文力の分析——プレライティングと文章の構成を中心に」『日本語教育』164, 17-32

中島和子・鈴木美知子（編）（1997）『継承語としての日本語教育——カナダの経験を踏まえて』カナダ日本語教育振興会、Welland, Ontario: Éditions Soleil

中島和子、ロザナ・ヌネス（2011）「日本語獲得と継承語喪失のダイナミックス——日本の小・中学校のポルトガル語話者の実態を踏まえて」石井恵理子（編）研究成果報告書『年少者日本語教育における学習環境と言語習得の研究』（pp.1-30）国立国語研究所

中野友（2017）「多様性に対応したブルックリン日本語学園での継承語教育の実践」『母語・継承語・バイリンガル教育（MHB）研究』13, 33-61. 母語・継承語・バイリンガル教育（MHB）研究会

ヴィヴィアン・ブッシンゲル、田中順子（2010）「マイノリティー児童のバイリテラシー測定の試み——非集住地区に居住する在日ブラジル人児童を対象に」『母語・継

承語・バイリンガル教育（MHB）研究』6, 23-41. 母語・継承語・バイリンガル教育（MHB）研究会

パウロ・フレイレ（小沢有作・楠原彰・柿沼秀雄・伊藤周訳）(1979)『被抑圧者の教育学』亜紀書房

パウロ・フレイレ（三砂ちづる訳）(2018)『被抑圧者の教育学——50周年記念版』亜紀書房

真嶋潤子編著（2019/2024）『[オンデマンド版] 母語をなくさない日本語教育は可能か——定住二世児の二言語能力』大阪大学出版会

真嶋潤子・櫻井千穂・孫成志・于濤（2019）「中国ルーツ児童14名の言語能力の変化——K小学校での教育実践を通して」真嶋潤子編著『母語をなくさない日本語教育は可能か——定住二世児の二言語能力』(pp.90-108) 大阪大学出版会

文部科学省（2019）『外国人児童生徒受入れの手引き（改定版）』

湯川笑子・加納なおみ（2021）「『トランス・ランゲージング』再考——その理念、批判、教育実践」『母語・継承語・バイリンガル教育（MHB）研究』17, 52-74.

Zhu, K.（2004）「韓国語・日本語の二言語環境にいる韓国人児童の二言語能力——母語保持・発達を中心に」お茶の水女子大学修士論文

講演に用いたスライド

※おことわり
一部のスライドには顔写真が使用されていましたが、本書に掲載するにあたり、肖像権の関係で削除しグレーの枠と人物名のみとしております。

2020年講演　レクチャーI

Majority and Minority (Heritage) Languages: The Importance of Bilingual and Multilingual Education

Jim Cummins

Professor Emeritus
University of Toronto

Bilingual Multilingual Child Network Online International Forum,
December 6, 2020

My Background and Influences

Major Issues

- I will present an international perspective on social and educational policies related to linguistic and cultural diversity in education;

- I don't intend to be prescriptive about what any country should do. Social and educational policies in every country derived primarily from two sources:
  - Ideological considerations related to social values and priorities - for example, to what extent is it a priority for a society to provide an effective education for all children?
  - Research and scientific considerations regarding what policies and practices are most likely to be effective in meeting social goals.

- It is not legitimate to claim scientific justification for educational policies and practices that are rooted in ideology unless criteria for evaluating scientific claims are met; for example: *'Bilingual education is unAmerican'* is an ideological claim but *'Bilingual education impedes English (L2) language development'* is a scientific claim that *is refuted* by the scientific data.

- What do we know *scientifically* about (a) L1/L2 relationships among minority group children, (b) ways in which schools can help minority group children succeed academically.

Organization of the Presentation

- A brief examination of social policies in relation to minority groups in Canada and some other countries;

- How do students from immigrant backgrounds perform in schools according to OECD data?

- What is the role of children's home language (L1) in helping them learn the school language (L2) - help or hindrance?

- Outcomes of bilingual education and heritage language programs;

- Explaining the outcomes of bilingual programs - the interdependence hypothesis and common underlying proficiency (CUP) framework;

- Translanguaging and plurilingualism - implications for teachers in highly diverse school contexts with multiple languages;

- What can schools do to promote academic success among minority group students? *Quick answer is that we need to enable them to do powerful things with language.*

Segment 1. Canadian Multiculturalism and Heritage Language Policies

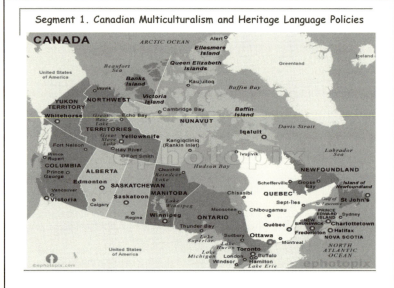

Multiculturalism and Immigration Policies Supported by All Political Parties in Canada

- Federal multicultural policies initiated by (Liberal) Prime Minister Pierre Trudeau in 1971 but the Canadian Multiculturalism Act was signed into law in 1988 by a Conservative government.

- Both parties have supported high levels of immigration into Canada over the past 40 years (c. 250,000 to 300,000+ immigrants per year including economic immigrants, family reunification, and refugees);

- The Ontario Heritage Language Program (2.5 hours instruction per week funded by the provincial government usually but not always outside of regular school hours) was started by a Conservative government in 1977. Bilingual programs (50% English, 50% heritage language) in Alberta (the most conservative province) were started in 1974 and have continued since that time in about 10 different languages.

- Despite national and provincial policies supporting diversity and multiculturalism, systemic racism *does* exist in Canada, but it is more 'underground' than in the United States and many European countries.

THE GLOBE AND MAIL*

Why you can thank multiculturalism for Canada's strong population growth

John Ibbitson
The Globe and Mail
Published Wednesday, May 03, 2017 1:07PM EDT
Last updated Wednesday, May 03, 2017 1:16PM EDT

Canada's population grew by 5 per cent between 2011 and 2016, and will continue to grow in the coming decades, reaching 50 million by 2060, thanks to three decades of robust immigration. ... The result is that one Canadian in five today was not born in Canada.

A reluctance to accept consistently high levels of immigration, combined with low fertility rates, is hollowing out Europe's population. Some particularly xenophobic Eastern European countries will suffer the most. Bulgaria will lose half its population between now and 2060.

But Europe is not alone. By 2060, Japan's population will be in free fall, having gone from just under 130 million to just over 100 million, on its way to about 80 million by the end of the century.

Immigration alone isn't the answer to population decline. Unless the native population honestly embraces multiculturalism, immigrants may fail to integrate, settling into impoverished and resentful ethnic enclaves— something we also see in parts of Europe. Canada has largely avoided this trap by bringing in new Canadians from around the world rather than mostly from just one region, ensuring genuine diversity.

John Ibbitson

Segment 2. School Performance of Immigrant Background Students

	PISA 2003 Gen 1	PISA 2003 Gen 2	PISA 2006 Gen 1	PISA 2006 Gen 2
Australia	-12	-4	+1	+7
Austria	-77	-73	-48	-79
Belgium	-117	-84	-102	-81
Canada	-19	+10	-19	0
Denmark	-42	-57	-79	-64
France	-79	-48	-45	-36
Germany	-86	-96	-70	-83
Netherlands	-61	-50	-65	-61

OECD, 2010, pp 70-71

PISA results suggest that within three years of arrival in Canada, immigrants score an average of 500 on the PISA exam, which is remarkably strong by international standards. For comparison's sake, in the 2006 PISA assessment of reading, Canadian first-generation immigrants scored an average of 520 points, as opposed to less than 490 in the United States and less than 430 in France. Canada is also one of very few countries where there is no gap between its immigrant and native students on the PISA. (By contrast in the United States the gap in reading is 22 points, and in France and Germany it is around 60 points). Second generation Canadians perform significantly better than first generation Canadians, suggesting that the pattern is of progress by all students over time. Finally, Canada is one of the few countries where there is no difference in performance between students who do not speak the language of instruction at home and those who do.

Segment 3. Relationship between L1 and L2 among minority group students

- In the sphere of literacy and academic language proficiency, research has consistently shown moderately strong relationships across languages;

- The evidence supporting crosslinguistic interdependence is clearly summarized by Dressler and Kamil as part of the Report of the National Literacy Panel on Language-Minority Children and Youth (August & Shanahan, 2006). They conclude:

    > In summary, all these studies provide evidence for the cross-language transfer of reading comprehension ability in bilinguals. This relationship holds (a) across typologically different languages ...; (b) for children in elementary, middle, and high school; (c) for learners of English as a foreign language and English as a second language; (d) over time; (e) from both first to second language and second to first language; (p.222)

- L1/L2 relationships increase over time: "Between kindergarten and 3rd grade, the correlation between English and Spanish went from 0 to .68".
(Ferdman & Hakuta, 1985)

Overwhelming Research Support for the Efficacy of Bilingual Education for Minority Group Students

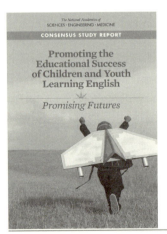

Conclusion 7-1:

Syntheses of evaluation studies that compare outcomes for ELs [English learners] instructed in English-only programs with outcomes for ELs instructed bilingually find either that there is no difference in outcomes measured in English or that ELs in bilingual programs outperform Els instructed only in English.

Two recent studies that followed students for sufficient time to gauge longer-term effects of language of instruction on EL outcomes find benefits for bilingual compared with English-only approaches. (p. 280)

Common Underlying Proficiency Model:
The Empirical Basis for Teaching for Cross-Linguistic Transfer

The Dual Iceberg representation of bilingual proficiency

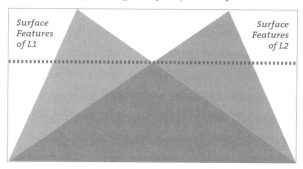

Surface Features of L1

Surface Features of L2

Different languages don't occupy separate spaces in our brains: There is overlap and interdependence among languages.

The Kahikatea Tree Metaphor
(from Sophie Tauwehe Tamati [2016]. *Transacquisition pedagogy for bilingual education: A study in Kura Kaupapa Māori schools*. Ph.D. dissertation, University of Auckland).

Growing in water-logged swampy soil, the inter-twining of the roots supports all trees to grow individually and collectively.

Types of Crosslinguistic Transfer

- Transfer of concepts (e.g., understanding the concept of *photosynthesis*);

- Transfer of specific linguistic elements (knowledge of the meaning of *photo* in *photosynthesis*);

- Transfer of phonological awareness (knowledge that words are made up of different sounds);

- Transfer of morphological awareness (how words are formed, roots, prefixes, suffixes, etc.)

- Transfer of cognitive and linguistic strategies (e.g. strategies of visualizing, use of graphic organizers, mnemonic devices, vocabulary acquisition strategies, etc.);

Segment 4.
Crosslinguistic Pedagogy

Various terms have been used during the past decade+ to refer to the same pedagogical orientation:

- Translanguaging
- Heteroglossic instructional orientation
- The Multilingual Turn
- Plurilingual pedagogy
- Bilingual instructional strategies
- Interlingual teaching

- These strategies have in common a rejection of the separation of languages in bilingual and L2 teaching and a commitment to teaching for crosslinguistic transfer;

- Examples of crosslinguistic pedagogy illustrate how minority students' L1 knowledge is the cognitive foundation upon which they build proficiency in the school language.

Creating an Identity-Affirming School Environment
Validating Home Language and Culture

Creating an Identity-Affirming School Environment
Validating Home Language and Culture

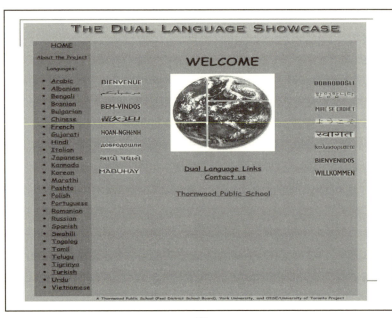

17

> For newcomers, L1 writing and web-publication of dual language books or projects can be a powerful identity-affirming support for learning the school language

- I think using your first language is so helpful because when you don't understand something after you've just come here it is like beginning as a baby. You don't know English and you need to learn it all from the beginning; but if you already have it in another language then it is easier, you can translate it, and you can do it in your language too, then it is easier to understand the second language.

- The first time I couldn't understand what she [Lisa] was saying except the word Hebrew, but I think it's very smart that she said for us to do it in our language because we can't just sit on our hands doing nothing.

18

〈資料〉講演に用いたスライド（レクチャーⅠ）

Appendix 11.   From Robin Perlut's
                                              Grade 4 class

How Arabic and English are different?

	English	arabic
(1)	Starts from left to right	Starts from right to left
(2)	Noun comes After adjective e.g. The green apple	Noun come before adjective e.g. The apple green
(3)	English we say "yes" To our parents and friends.	To our parents we say "حاضر" (Hazear) which is more respectful any serious. It means "I'm here" or "I'm ready" but the meaning changes depending on country
(4)	Uses less word to describe something e.g. A short girl	More descriptive words and details when we speak about something because one word can have more than one meaning e.g. "حلوة" - hulwa Can mean Candy or a cute girl
(5)	E is capitalised for English	You don't capitalize the first letter of the word arabic

---

Segment 5
Are there legitimate critiques of the common underlying proficiency and interdependence hypotheses?

- All of the hundreds of research studies carried out over the past 40 years on linguistic interdependence are consistent with the hypothesis which is stated formally below:

- To the extent that instruction in Lx is effective in promoting proficiency in Lx, transfer of this proficiency to Ly will occur provided there is adequate exposure to Ly (either in school or environment) and adequate motivation to learn Ly.
    (Cummins, 1981, p. 29)

Berthele & Lambelet (2018)
Is their study a legitimate critique of the common underlying proficiency and interdependence hypotheses?

Migrant students' L1 literacy skills predict school literacy skills in Switzerland

This project (Berthele & Lambelet, 2018; Berthele & Vanhove, 2020; Vanhove & Berthele, 2018) described the development of literacy skills among Portuguese L1 speakers in both French- and German-speaking regions of Switzerland from the beginning of Grade 3 to the end of Grade 4 in both of their languages. It also aimed to test the interdependence hypothesis by examining the relationships between students' Portuguese and French/German literacy skills at three different times over the course of two school years. The sample consisted of 114 students who attended French-language schools and 119 who attended German-language schools.

21

Berthele and Lambelet claim their study does not support linguistic interdependence but their data tell a different story

Vanhove and Berthele (2018) summarized their findings by noting that relatively good readers in Portuguese tend to be relatively good readers in Portuguese one year later, and relatively good readers in Portuguese also tend to be relatively good readers in French or German one year later. As would be expected, the within-language correlations are stronger than those between languages, although all relationships are highly significant.

	French region		German region	
Testing Point	P/F	P/P	P/G	P/P
T1-T2	.43	.70	.44	.63
T2-T3	.58	.69	.59	.69

22

184

Segment 6

6 A Longitudinal Study of Emergent Bilinguals among Chinese Pupils at a Japanese Public School: A focus on language policies and inclusion

Junko Majima and Chiho Sakurai

To appear in:

Migration, Multilingualism and Education:
Critical Perspectives on Inclusion

Edited by:

Latisha Mary, Ann-Birte Krüger, and Andrea Young
Multilingual Matters, 2021

« Prohibiting children from using their home language leads to a series of negative psychological consequences, beginning with shame and disdain of their home language and culture, eventually extending to their parents, which may end up with children suffering from low self-esteem and identity crisis. »

- We conducted a longitudinal study by following a total of 110 pupils to assess their bilingual proficiency in L1 Chinese and L2 Japanese.

- **Initiatives implemented over a 10-year period:**
  - Employment of a Chinese full-time teacher in 2012;
  - "Pull-out classes" for Chinese pupils, where the native Chinese teacher sometimes uses Chinese for instruction and cognitive awareness of the two languages;
  - Better communication with Chinese pupils' parents. In order to promote mutual understanding, the Chinese teacher improved ways of translating aspects of school culture;
  - Multilingual signs and posters in the school building;
  - Schoolwide cross-cultural understanding classes offered by the school;
  - Teachers' praise of and expression of respect for Chinese pupils speaking Chinese;
  - School-wide composition project organized by the school principal. The topics of the compositions were "Pride," "Dream," and "Connections." Some Chinese pupils wrote in Chinese, and translated into Japanese;
  - Bilingual presentations at the graduation ceremony were encouraged.

Quantitative Study Findings

- Children attain native like fluency in Japanese spoken skills faster than they catch up academically in Japanese reading skills; therefore many of these children will require support from teachers for several years after they appear to have 'learned Japanese'.

- Children who had developed Chinese reading skills in addition to conversational and listening skills performed significantly better in Japanese reading than those who had attained conversational and/or listening Chinese skills but not literate Chinese skills.

Conclusions

- The international research literature demonstrates strong support for positive crosslinguistic relationships between immigrant-background students' home language proficiency and their success in developing reading and writing skills in the school language;

- Supporting L1 in the school context either through teaching the language directly or through crosslinguistic or translanguaging initiatives can promote students' success in various ways:
    - Promotes metalinguistic awareness of how L1 and L2 work;
    - Promotes transfer of concepts, linguistic features, and learning strategies across languages;
    - Affirms students' sense of pride in their language and culture;
    - Encourages parental involvement.

References

Berthele, R. and Lambelet, A. (eds) (2018) *Heritage and School Language Literacy Development in Migrant Children: Interdepedence or Independence?* Bristol, UK: Multilingual Matters.

Chow, P., & Cummins, J. (2003). Valuing multilingual and multicultural approaches to learning. In S. R. Schecter & J. Cummins (Eds.), *Multilingual education in practice: Using diversity as a resource* (pp. 32-61). Portsmouth, NH: Heinemann.

Cummins, J. (2017). Teaching for transfer in multilingual educational contexts. In O. García & A. Lin (Eds.), *Bilingual education: Encyclopedia of language and education*, 3rd edition (pp. 103-115). New York: Springer Science + Business Media LLC.

Cummins, J., & Early, M. (2011). (Eds.), Identity texts: The collaborative creation of power in multilingual schools. Stoke-on-Trent, England: Trentham Books.

Cummins, J., Hu, S., Markus, P., & Montero, M. K. (2015). Identity texts and academic achievement: Connecting the dots in multilingual school contexts. *TESOL Quarterly, 49*(3), 555-581.

Dressler, C. and Kamil, M. (2006) First- and second-language literacy. In D. August and T. Shanahan (eds) *Developing Literacy in Second-Language Learners. Report of the National Literacy Panel on Language-Minority Children and Youth* (pp. 197-238). Mahwah, NJ: Lawrence Erlbaum Associates Publishers.

National Academies of Sciences, Engineering and Medicine (NASEM) (2017) *Promoting the Educational Success of Children and Youth Learning English: Promising Futures.* Washington, DC: The National Academies Press. doi: 10.17226/24677.

OECD. (2010). *PISA 2009 results: Learning to learn—Student engagement, strategies and practices (Volume III).* Paris: Author. Retrieved from http://www.oecd.org/dataoecd/11/17/48852630.pdf

27

2021年講演　レクチャーⅡ

Rethinking the Education of Multilingual Learners: Pedagogical Strategies for Promoting Proficiency in Majority and Minority Languages

Jim Cummins
University of Toronto

Bilingual Multilingual Child Network Annual Conference

September 2021

Overview: Questions and issues

- The presentation will focus on two multilingual contexts:
  - Education of students from foreign language backgrounds in Japan;
  - Education of Japanese-L1 students in contexts outside of Japan.

- The central question to be addressed in the presentation is:
  - What do teachers and school leaders need to **know**, and what kinds of **instruction** should they implement in order to promote conversational and academic language proficiency in both majority and minority (heritage) languages?

Overview: Organization

Section 1
What research findings should ALL teachers and school leaders be aware of in order to teach multilingual students effectively?

Section 2
A framework identifying
(a) what groups or categories of students experience 'opportunity gaps' that may limit their school achievement and
(b) what instructional strategies are supported by the research evidence as effective in responding to these opportunity gaps?

Section 3
Understanding the role of three Nested Pedagogical Orientations: Transmission, Social Constructivist, and Transformative. Only social constructivist and transformative orientation enable multilingual students to use their languages for powerful purposes

---

Section 1: Core research findings

- Educators need to understand the differences between conversational and academic language – basic interpersonal communicative skills (BICS) and cognitive academic language proficiency (CALP);

- The different acquisition trajectories among minority group students with respect to each of these dimensions of language have major implications for classroom instruction and school-based language policies;

- Multilingual students' home languages (L1) are part of the instructional solution, not part of the problem. There is a strong positive relationship between language and literacy development in L1 and L2.

The Nature of Language Proficiency

Conversational Fluency

- The ability to carry on a conversation in familiar face-to-face situations;

- Developed by the vast majority of native speakers by the time they enter school at age 5;

- Involves use of high frequency words and simple grammatical constructions;

- Students learning the school language typically require 1-2 years to attain reasonable fluency in everyday situations.

The Nature of Language Proficiency

Academic Language Proficiency

- Includes knowledge of less frequent vocabulary as well as the ability to interpret and produce increasingly complex written language;

- Frequent use of passive voice and nominalization (e.g., acceleration) which are rarely used in conversation;

- In a language like Japanese, multiple ways of representing meaning in print add to the complexity;

- Because academic language is found primarily in books and printed texts, extensive reading is crucial in enabling pupils to catch up;

〈資料〉講演に用いたスライド（レクチャーⅡ）

- The Nature of Academic Language:

- Social Studies Vocabulary in a Grade 5 Unit on the American Revolution

amend	boundary	compromise	consultation
annexation	colonist	commerce	convention
bombarded	cavalry	constitution	convince
declaration	independence	perpetual	ratify
dissolved	induced	petition	rebellion
dynasty	inference	preamble	representatives
resolution	sentiments	statement	traditions
revolt	siege	surveyor	treaty
revolution	skirmish	sustain	tyrants

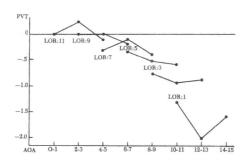

Academic Language Catch-Up Trajectories: 5-7 years is typical (Cummins, 1981)

PVT = Picture Vocabulary Test; LOR = Length of Residence; AOA = Age on Arrival

Common Underlying Proficiency Model:
Dynamic interdependence across languages

The Dual Iceberg representation of bilingual proficiency

Surface Features of L1

Surface Features of L2

Although languages can be distinguished in our cognitive system (e.g., aphasia studies), there is overlap and dynamic interdependence among languages.

Part 2.3. The Kahikatea Tree Metaphor
(from Sophie Tauwehe Tamati [2016]. *Transacquisition pedagogy for bilingual education: A study in Kura Kaupapa Māori schools.* Ph.D. dissertation, University of Auckland).

The kahikatea tree, native to Aotearoa/New Zealand, grows in water-logged swampy soil and is characterized by a network of entangled roots that bind multiple trees together, thereby enhancing the strength of each individual tree.

Engage Students' Multilingual Abilities: Dual language book example

The following instructional strategies are reflected in this example:

Scaffold instruction by engaging students' multilingual repertoires;

Connect to students' lives;

Affirm student identities;

Reinforce academic language; Expand literacy engagement

- I think using your first language is so helpful because when you don't understand something after you've just come here it is like beginning as a baby. You don't know English and you need to learn it all from the beginning; but if you already have it in another language then it is easier, you can translate it, and you can do it in your language too, then it is easier to understand the second language.

- The first time I couldn't understand what she [Lisa] was saying except the word Hebrew, but I think it's very smart that she said for us to do it in our language because we can't just sit on our hands doing nothing.

Engage Students' Multilingual Abilities:
The experiential reality of crosslinguistic transfer for multilingual students learning the language of instruction: Two examples from Lisa Leoni's ESL class in the Toronto area

Lisa Leoni consistently encouraged her students to carry out creative writing and other assignments in their L1, and generally use their L1 as a stepping-stone to English.

"When I am allowed to use my first language in class it helps me with my writing and reading of english because if I translation in english to urdu then urdu give me help for english language. I also think better and write more in english when I use urdu because I can see in urdu what I want to say in English". (**Aminah**, original spelling retained).

"When I am allowed to use Urdu in class it helps me because when I write in Urdu and then I look at Urdu words and English comes in my mind. So, its help me a lot. When I write in English, Urdu comes in my mind. When I read in English I say it in Urdu in my mind. When I read in Urdu I feel very comfortable because I can understand it". (**Hira**, original spelling retained) (Leoni et al., 2011: 55-56)

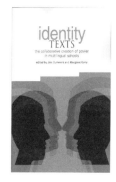

Section 1
Conclusions

- The challenges of learning the language of academic success in school differ considerably from the challenges of learning the language of everyday social interaction.

- In many contexts, a much longer period (5-7 years) is required for minority group students to catch up academically than is required to function well in everyday social interaction.

- Because academic language is found primarily in only 2 places – schools and printed text – all teachers should reinforce academic language across the curriculum and all schools should have active policies to support multilingual students' literacy engagement.

- Multilingual students' home languages represent the conceptual foundation upon which they build knowledge and skills in the dominant school language. School policies and classroom instruction that promote two-way transfer across languages can have powerful positive impact on students' progress (e.g., Majima & Sakurai, 2021)

Section 2

An Integrative Framework Specifying Evidence-Based Instructional Responses to Opportunity Gaps Experienced by Multilingual Learners

- There are 3 overlapping but conceptually distinct groups that tend to experience disproportionate underachievement:

    (a) **immigrant-background students** who are learning the school language as L2,

    (b) students from **socially disadvantaged backgrounds**,

    (c) students from **socially marginalized groups** that have been subject to racism and various forms of exclusion from educational and social opportunity often over generations.

- Different causal factors or *opportunity gaps* predictive of underachievement are operating within each of these settings. We have considerable research evidence that schools **can** respond effectively to at least some of these underlying causal factors.

〈資料〉講演に用いたスライド（レクチャーⅡ）

Instructional Responses to Potential Opportunity Gaps

Students who experience the most significant underachievement are characterized by (a) a home-school language switch, (b) low-SES, and (c) come from marginalized communities.

Schools need to respond to all three sets of opportunity gaps

Student background	Linguistically Diverse	Low SES	Marginalized Status
Sources of potential disadvantage	-Failure to understand instruction due to home-school language differences;	-Inadequate healthcare and/or nutrition; -Housing segregation; -Lack of cultural and material resources in the home due to poverty; -Limited access to print in home and school;	-Societal discrimination; -Low teacher expectations; -Stereotype threat; -Stigmatization of L1/L2 language varieties; -Identity devaluation;
Evidence-based instructional response	-Scaffold comprehension and production of language across the curriculum; -Engage students' multilingual repertoires; -Reinforce academic language across the curriculum;	-Maximize print access and literacy engagement; -Reinforce academic language across the curriculum;	-Connect instruction to students' lives; -Decolonize curriculum and instruction through linguistically and culturally sustaining pedagogy; -Valorize and build on L1/L2 language varieties; -Affirm student identities in association with academic engagement;

Linguistically Diverse Students

- Source of potential disadvantage

    Failure to understand instruction due to home-school language differences.

- Evidence-based instructional responses

    Scaffold comprehension and production of language across the curriculum;

    Reinforce academic language across the curriculum;

    Engage students' multilingual repertoires.

Scaffold Language

Scaffolding refers to the provision of instructional supports that enable learners to carry out tasks and perform academically at a higher level than they would be capable of without these supports.

- Graphic organizers
- Visuals in texts
- Demonstrations
- Hands-on experiences
- Collaborative group work
- Encouraging L1 use (e.g., writing) as a means of transferring knowledge and skills from L1 to L2
- Learning strategies (planning tasks, visualization, note taking/summarizing, questioning for clarification)
- Language clarification (explanation, dictionary use, etc.)

Scaffolding needs to happen across the curriculum – it's not just the job of the language specialist teacher

Reinforce Academic Language across the Curriculum

Content and Language Objectives Instructional Template

Subject_____
Topic_____

Content objectives
_____
_____

Language objectives
_____
_____

Learner activities_____
_____

Why should we teach language across the curriculum?

- Language is infused in all curricular content, and we are missing significant opportunities to accelerate students' progress if we don't reinforce students' grasp of academic language as they learn subject-matter content.

- This principle applies to all students, but it is particularly relevant for ELLs who may have significant gaps in their knowledge of academic language.

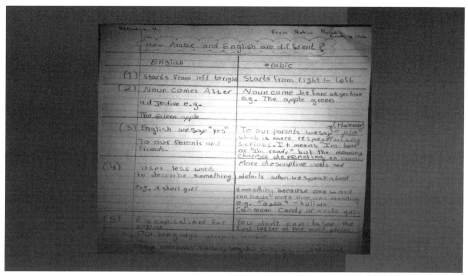

Students from Socially Disadvantaged Backgrounds

- The OECD PISA research has consistently demonstrated that students from low-SES backgrounds perform at significantly lower academic levels than those from higher-SES backgrounds both with respect to the SES of individual students and the collective SES of students within particular schools.

- **Sources of potential disadvantage**

    Multiple factors that will vary across contexts; for example, housing/school segregation; overcrowding; nutritional/medical issues; lack of access to books and other forms of print etc.

- **Evidence-based instructional responses**

    Immerse low-SES students in a print-rich preschool and school environment that promotes sustained literacy engagement.

    Reinforce academic language across the curriculum.

What Do We Mean by "Literacy Engagement"?

- Amount and range of reading and writing;

- Use of effective strategies for deep understanding of text;

- Positive affect and identity investment in reading and writing;

- Cognitive psychologist **John Guthrie** notes that in all spheres of life (e.g., driving a car, doing surgery, playing golf, gourmet cooking, etc.) participation is key to the development of proficiency:

- "Certainly, some initial lessons are valuable for driving a car or typing on a keyboard, but expertise spirals upward mainly with engaged participation" (2004, p. 8).

John Guthrie

Reading Engagement in the OECD's PISA Studies (2000- 2018)

- Data on the reading attainment of 15-year-olds in 27 countries showed that "the level of a student's reading engagement is a better predictor of literacy performance than his or her socioeconomic background, indicating that cultivating a student's interest in reading can help overcome home disadvantages" (OECD, 2004, p. 8).

- OECD (2010) – about one-third of the negative impact of SES is mediated through reading engagement (or lack thereof). In other words, schools can significantly reduce the negative effects of low-SES by strongly promoting literacy engagement.

〈資料〉講演に用いたスライド（レクチャーⅡ）

Creating an Identity-Affirming School Environment: Multilingual Books in the Library (Crescent Town School, Toronto)

23

Students from Socially Marginalized Communities

- Sources of potential disadvantage
    - Societal discrimination;
    - Stereotype threat (students' task performance deteriorates when negative stereotypes are communicated to them);
    - Low teacher expectations;
- Key insight:
    - Devaluation of identity is a cause of underachievement

Gloria Ladson-Billings: "The problem that African-American students face is the constant devaluation of their culture both in school and in the larger society" (1995, p. 485).

- Evidence-based instructional responses
    - Gloria Ladson-Billings:
    - 'When students are treated as competent, they are likely to demonstrate competence' (1994: 123).
    - --Connect instruction to students' lives;
    - --Use students' varieties of L1 and L2 as resources for learning
    - -- Decolonize curriculum and instruction;
    - -- Affirm students' identities in association with literacy development;
    - -- Enable students to use language (L1/L2) in powerful (identity-affirming) ways;

Gloria Ladson-Billings

24

Creating an Identity-Affirming School Environment

Validating Home Language and Culture

Teacher: Tobin Zikmanis

School: Thornwood P.S.

Grade 5 Data Management Unit: Thornwood's Diversity Project

〈資料〉講演に用いたスライド（レクチャーⅡ）

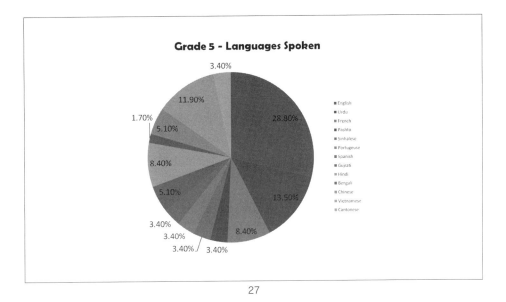

« Prohibiting children from using their home language leads to a series of negative psychological consequences, beginning with shame and disdain of their home language and culture, eventually extending to their parents, which may end up with children suffering from low self-esteem and identity crisis. »

- The authors conducted a longitudinal study by following a total of 110 pupils to assess their bilingual proficiency in L1 Chinese and L2 Japanese.

- Initiatives implemented over a 10-year period:
- Employment of a Chinese full-time teacher in 2012;
- "Pull-out classes" for Chinese pupils, where the native Chinese teacher sometimes uses Chinese for instruction and cognitive awareness of the two languages;
- Better communication with Chinese pupils' parents. In order to promote mutual understanding, the Chinese teacher improved ways of translating aspects of school culture;
- Multilingual signs and posters in the school building;
- Schoolwide cross-cultural understanding classes offered by the school;
- Teachers' praise of and expression of respect for Chinese pupils speaking Chinese;
- School-wide composition project organized by the school principal. The topics of the compositions were "Pride," "Dream," and "Connections." Some Chinese pupils wrote in Chinese, and translated into Japanese;
- Bilingual presentations at the graduation ceremony were encouraged.

Quantitative Study Findings

- Children attain native like fluency in Japanese spoken skills faster than they catch up academically in Japanese reading skills; therefore, many of these children will require support from teachers for several years after they appear to have 'learned Japanese'.

- Children who had developed Chinese reading skills in addition to conversational and listening skills performed significantly better in Japanese reading than those who had attained conversational and/or listening Chinese skills but not literate Chinese skills.

〈資料〉講演に用いたスライド（レクチャーⅡ）

Section 3
Nested Pedagogical Orientations

Figure 5.4. Nested pedagogical orientations. Design courtesy of Vasilia Kourtis-Kazoullis and Eleni Kazoulli; reprinted with permission.

31

Continuum of Transmission, Social Constructivist, and Transformative Orientations

- Transmission-oriented pedagogy is represented in the inner circle with the narrowest focus. **The goal is to transmit information and skills specified in curriculum directly to students.**

- Social constructivist pedagogy, occupying the middle pedagogical space and influenced by Vygotsky, acknowledges the relevance of transmission of information and skills but broadens the focus to include the development among students of higher-order thinking abilities based on teachers and students co-constructing knowledge and understanding. **The focus is on experiential learning, collaborative inquiry, and knowledge building.**

- Transformative approaches to pedagogy (also termed *transformative multiliteracies pedagogy*), influenced by Paulo Freire, broaden the focus still further by emphasizing the relevance not only of transmitting the curriculum and constructing knowledge but also of enabling students to gain insight into how knowledge intersects with power. **Transformative pedagogy uses collaborative critical inquiry to enable students to analyze and understand the social realities of their own lives and of their communities.** Students discuss, and frequently act on, ways in which these realities might be transformed through various forms of social action.

32

203

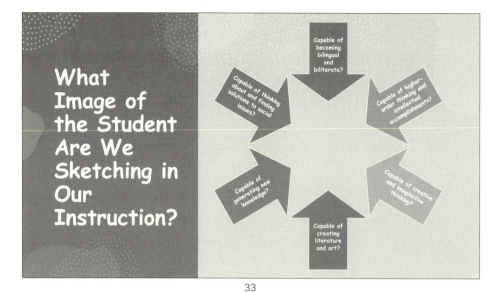

What Image of the Student Are We Sketching in Our Instruction?

- Capable of becoming bilingual and biliterate?
- Capable of thinking about and finding solutions to social issues?
- Capable of higher-order thinking and intellectual accomplishments?
- Capable of creative and imaginative thinking?
- Capable of creating literature and art?
- Capable of generating new knowledge?

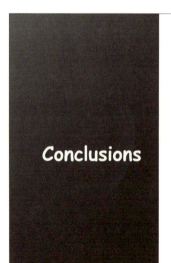

Conclusions

1. There is an extensive body of research evidence that is available to school leaders, teachers, and policymakers who are interested in implementing effective education for multilingual students.

2. The following instructional strategies respond directly to the causes of educational disadvantage among linguistically diverse, socially disadvantaged, and marginalized students:

- Scaffold comprehension and production of language.
- Reinforce academic language across the curriculum.
- Engage students' multilingual repertoires.
- Maximize literacy engagement.
- Connect with students' lives and the knowledge, culture and language of their communities.
- Affirm students' identities by enabling them to use their language and literacy skills to carry out powerful intellectual and creative academic work.

3. Transmission, social constructivist, and transformative pedagogical orientations are not in opposition to one another; ideally, these nested orientations will be combined instructionally to address the opportunity gaps experienced by minoritized multilingual students.

4. However, instruction that fails to go beyond a transmission orientation is unlikely to address the identity devaluation experienced by minoritized students, and thus will be less effective in promoting academic engagement and attainment than instruction that extends into social constructivist and transformative orientations.

References

Cummins, J. (1981) Age on arrival and immigrant second language learning in Canada. A reassessment. *Applied Linguistics* 2 (2), 132-149.

Cummins, J. (2017). Teaching for transfer in multilingual educational contexts. In O. García & A. Lin (Eds.), *Bilingual education: Encyclopedia of language and education*, 3rd edition (pp. 103-115). New York: Springer Science + Business Media LLC.

Cummins, J. (2021). *Rethinking the education of multilingual students: A critical analysis of theoretical claims*. Bristol, UK: Multilingual Matters.

Cummins, J., & Early, M. (2011). (Eds.), Identity texts: The collaborative creation of power in multilingual schools. Stoke-on-Trent, England: Trentham Books.

Cummins, J., Hu, S., Markus, P., & Montero, M. K. (2015). Identity texts and academic achievement: Connecting the dots in multilingual school contexts. *TESOL Quarterly*, 49(3), 555-581.

Guthrie, J.T. (2004) Teaching for literacy engagement. *Journal of Literacy Research*, 36 (1), 1-30.

Ladson-Billings, G. (1994) *The Dreamkeepers: Successful Teachers of African American Children*. San Francisco: Jossey-Bass Publishers.

Ladson-Billings, G. (1995) Toward a theory of culturally relevant pedagogy. *American Educational Research Journal* 32, 465-491.

Leoni, L., Cohen, S., Cummins, J., Bismilla, V., Bajwa, M., Hanif, S., Khalid, K. and Shahar, T. (2011) 'I'm not just a coloring person': Teacher and student perspectives on identity text construction. In J. Cummins and M. Early (eds) *Identity Texts: The Collaborative Creation of Power in Multilingual Schools* (pp. 45-57). Stoke-on-Trent, UK: Trentham Books.

Majima, J. and Sakurai, C. (2021) A longitudinal study of emergent bilinguals among Chinese pupils at a Japanese Public School: A focus on language policies and inclusion. In Mary, L., Krüger, A.-B. and Young, A. (eds) *Migration, Multilingualism and Education: Critical Perspectives on Inclusion*. Bristol, UK: Multilingual Matters.

References

Neuman, S.B., & Celano, D. (2001). Access to print in low-income and middle-income communities: An ecological study of four neighbourhoods. *Reading Research Quarterly*, 36, 8-26.

OECD (2010) *PISA 2009 Results: Learning to Learn—Student Engagement, Strategies and Practices (Volume III)*. Paris: OECD. Retrieved from http://www.oecd.org/dataoecd/11/17/48852630.pdf

Skourtou, E., Kourtis-Kazoullis, V., & Cummins, J. (2006). Designing virtual learning environments for academic language development. In J. Weiss, J. Nolan, J. Hunsinger,. & P. Trifonas, (Eds.) *The international handbook of virtual learning environments* (pp. 441-467). New York: Springer.

Tamati, S.T. (2016) *Transacquisition Pedagogy for Bilingual Education: A Study in Kura Kaupapa Māori Schools*. Doctoral dissertation submitted to the University of Auckland.

2022年講演　レクチャーⅢ

The Kahikatea Tree (Tamati, 2006)

Bilingual Education Theories and Translanguaging Pedagogy: Implications for Language Policies and Instruction

Jim Cummins
University of Toronto

Bilingual Multilingual Child Network Annual Conference

October 2022

Introduction and Overview

- Part 1 – A brief historical perspective on theoretical assumptions in L2 teaching

- Part 2 – Bilingual education works much better than teaching L2 as a subject, but the implementation of bilingual programs frequently share some problematic assumptions with L2 teaching

- Part 3 – The emergence of 'the multilingual turn' and translanguaging

- Part 4 – Implications of the research and theory for L2 teaching in Japan and elsewhere

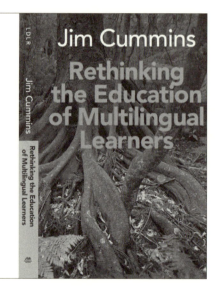

Part 1

A brief historical perspective on theoretical assumptions in L2 teaching

---

Four Overlapping Phases in L2 Teaching Assumptions Over the Past 50 Years

- **Grammar/Translation Phase**—L1 and L2 are brought into contact, but focus is only on the structure of the language and students remain passive—they don't *do* anything with the target language;

- **Monolingual and 'Two Solitudes' Phase**—L2 is taught in isolation from students' L1;

- **Crosslinguistic/Plurilingualism Phase** – Students' L1 is seen as a resource and crosslinguistic contact and transfer are encouraged;

- **Translanguaging Phase** – 'languages' cannot be distinguished in the student's cognitive system and so it is illegitimate to talk about 'teaching for crosslinguistic transfer'. It is legitimate to talk about 'languaging' (verb form) but not 'languages' (noun form) as being existentially 'real' in our cognitive system.

Current realities in L2 teaching for 'majority' group and immigrant-background students

- The current situation is confusing for many practitioners (and researchers!):

  - There is still a widespread belief that 'best practice' in L2 teaching requires teachers to use the target language exclusively in their teaching;
  - Many people still believe that 'native speakers' of the target language are likely to be 'better' teachers because their accent and fluency are 'native-like' and they are also more likely to use L2 exclusively in their teaching; this belief is reflected in the fact that language schools frequently advertise the fact that they employ 'native speaker' staff.
  - These beliefs have been challenged by research suggesting strong relationships between L1 and L2, suggesting that we should teach for transfer across languages;
  - The focus on 'translanguaging' over the past decade goes even further in rejecting monolingual approaches to L2 teaching.
  - One version of translanguaging theory, which I have termed *Unitary Translanguaging Theory* (UTT) (e.g., Garcia, 2009) even argues that 'languages' do not exist in our cognitive system, and thus even teaching for crosslinguistic transfer is problematic.

- How should we make sense out of all these conflicting trends?

Monolingual 'Direct Method' Assumptions

The 'monolingual principle' (Howatt, 1984) emphasizes instructional use of the target language (TL) to the exclusion of students' L1, with the goal of enabling learners to think in the TL with minimal interference from L1.

This principle initially gained widespread acceptance more than 100 years ago in the context of the 'direct method' and has continued to exert a strong influence on various language teaching approaches since that time.

According to Yu (2001: 176), '[t]he direct method imitated the way that children learn their first language, emphasizing the **avoidance of translation** and the **direct use of the foreign language** as the medium of instruction in all situations'.

These assumptions were reflected in the audiolingual and audio-visual approaches that emerged in the 1960s and 1970s and are also apparent in the implementation of communicative language teaching in many contemporary contexts.

Disappointing Outcomes of L2 Teaching in Many Contexts

- In general, methods that teach the FL/L2 as a school subject rather than using it as a medium of instruction **do not work well** for most students except when there is considerable exposure to English outside of school (e.g., social media, music, television, etc.);

- When students' home language (L1) is similar to English (e.g., in northern European countries), this increases students' success in learning the language;

- In these countries, English-language movies and television programs are typically subtitled (English audio, L1 subtitled) rather than dubbed into the majority language.

- In general, approaches that teach English for 30-45 minutes per day produce disappointing results for about 80% of students. They may learn how to pass examinations in English, but seldom learn how to speak the language fluently.

- This conclusion applies to the following 'methods': **Grammar/Translation, Direct Method, Audiolingual Method, Communicative Language Teaching** and most other methods that teach the language as a school subject.

Part 2

Bilingual programs (including L2 immersion and CLIL) are much more successful than L2 teaching as a subject, but many of these programs share the same problematic assumption that L1 and L2 should be kept rigidly separate

What Does Research Say about Bilingual Education?

- Bilingual programs for minority and majority language students have been successfully implemented in countries around the world. These programs generally produce much better outcomes than teaching the language as a subject.

- Minority languages are fragile – without strong support in the school and community, students will often not develop strong fluency and literacy in their home language.

- For both 'minority' and 'majority' language students, there is no loss in students' mastery of the 'majority' language, despite the fact that much less instructional time is spent through that language. Students typically catch up in reading and writing skills in the 'majority' language by the later grades of primary school.

- But, academic skills in both languages must be actively taught – some transfer of concepts may happen automatically, but the benefits of transfer will increase when schools teach actively for transfer across languages.

Katoh Gakuen: A Japanese Example of English Immersion

A STUDY OF AN ELEMENTARY ENGLISH LANGUAGE IMMERSION SCHOOL IN JAPAN

A Dissertation
Submitted to
the Temple University Graduate Board

in Partial Fulfillment
of the Requirements for the Degree
DOCTOR OF EDUCATION

by
R. Michael Bostwick
January, 1999

"...students would receive the same Japanese language instruction as non-immersion students, but all other classes would be done in English. This amounted to approximately two-thirds of the instructional day being conducted in English" (p. 63).

"Generally speaking, the immersion students performed at the same high level [in all school subjects] as the regular students who received all of their instruction in their primary language" (p. 187).

"The results clearly demonstrate that there is no negative effect on primary language literacy skills as measured by the national and prefectural Japanese achievement tests. The distance of the language pairs would appear to have little or no negative effect on primary language development within a partial immersion context (p. 190).

"linguistically-speaking, the grade five students were functioning in English at approximately the same level as third grade students in the USA. This is remarkable considering that most of the students have never lived abroad. When we compare the immersion students to Japanese students in Japan in English language skills as measured by the *Eiken* test, we find that a majority are performing at or beyond the ninth grade level" (pp. 190-191).

Transfer of Conceptual and Content Knowledge through 'Cognitive Reprocessing'

Lambert & Tucker (1972): French/English immersion

"…children… may have transferred basic skills of reading, concept development, word manipulation, and verbal creativity through French to English by reprocessing in English all the information they received through French, or by simultaneously processing in French and English" (p. 82).

Cohen (1994): Spanish/English immersion (math word problems study)

"This phenomenon of *reprocessing* is most likely what we uncovered in our study, where the reprocessing in English was of much, but not all, of the information received through Spanish. It is not so surprising that the students in this study switched to English to think through their word problems. After six or seven years of immersion schooling, the learners were behaving externally or socially in Spanish, but not psychologically or cognitively" (p. 192).

Bostwick (1999): English/Japanese immersion

"The transfer of skills learned through the medium of one language to another language has been seen over and over again in immersion programs around the world and is clearly evident in the English immersion program in Japan. The transfer of concepts appears to be spontaneous. … Evidence from these studies suggests that immersion students perform on-line 'reprocessing' … of the information into their primary language, and that the student's internal language environment is not nearly as foreign-language oriented as outside observers might believe" (p. 188).

Research Evidence on Bilingual Education

"In summary, there is no indication that bilingual instruction impedes academic achievement in either the native language or English, whether for language-minority students, students receiving heritage language instruction, or those enrolled in French immersion programs.

Where differences were observed, on average they favored the students in a bilingual program. The meta-analytic results clearly suggest a positive effect for bilingual instruction that is moderate in size."

(Francis, Lesaux, and August 2006, p. 397)

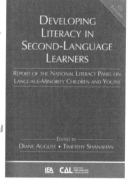

F. Genesee, K. Lindholm-Leary, W. Saunders, & D. Christian (Eds). *(2006) Educating English Language Learners.*
New York: Cambridge University Press.

Fred Genesee

"There is strong convergent evidence that the educational success of English language learners is positively related to sustained instruction through the student's first language. ...

Most long-term studies report that the longer the students stayed in the program, the more positive were the outcomes".

(Lindholm-Leary & Borsato, 2006, p. 201)

13

Overwhelming Research Support for the Efficacy of Bilingual Education for Minority Group Students

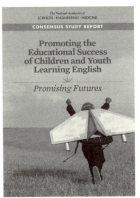

Conclusion 7-1:

Syntheses of evaluation studies that compare outcomes for ELs [English learners] instructed in English-only programs with outcomes for ELs instructed bilingually find either that there is no difference in outcomes measured in English or that ELs in bilingual programs outperform ELs instructed only in English.

Two recent studies that followed students for sufficient time to gauge longer-term effects of language of instruction on EL outcomes find benefits for bilingual compared with English-only approaches. (p. 280)

14

Many L2 Immersion and Bilingual Education Programs Have Also Assumed that the Two Languages Should be Kept Separate

- The 'two solitudes' theoretical claim is that L1 and L2 should be isolated from each other to the extent possible in order that L1 doesn't 'interfere' with the learning of L2.

- The crosslinguistic transfer claim is that L2 immersion and bilingual programs will be even more successful when teachers systematically encourage students to bring the two languages into productive contact. This 'teaching for transfer' will enhance crosslinguistic processing and build students' awareness of similarities and differences between their languages.

The 'Two Solitudes' Approach in L2 Immersion and Bilingual Education is illustrated in Wallace Lambert's Monolingual Instructional Principle

"No bilingual skills are required of the teacher, who plays the role of a monolingual in the target language ... and who never switches languages, reviews materials in the other language, or otherwise uses the child's native language in teacher-pupil interactions. In immersion programs, therefore, bilingualism is developed through two separate monolingual instructional routes" (1984, p. 13).

****

- Languages should be kept separate;
- The TL should be used exclusively with no switching between languages;
- Translation across languages is never appropriate;

Wallace Lambert

What's Wrong with the Monolingual Educational Principle?

- This orientation has led to restrictive pedagogical possibilities with very little opportunity for students to showcase their growing intellectual and literacy skills in the two languages.

- Because the students' languages are kept in isolation from each other, teachers
    - don't point to relationships between the languages,
    - don't encourage students to write dual language books or use both languages in projects or classroom activities (this would involve translation),
    - and generally, teachers don't promote students' awareness of how language works (e.g., by contrasting grammatical patterns in L1 and L2).

Part 3

The Emergence of the Multilingual Turn and Teaching for Crosslinguistic Transfer

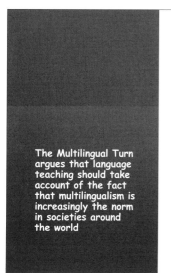

The Multilingual Turn argues that language teaching should take account of the fact that multilingualism is increasingly the norm in societies around the world

Crosslinguistic Pedagogy

Various terms have been used during the past decade+ to refer to the same pedagogical orientation:

- Translanguaging
- Heteroglossic instructional orientation
- The Multilingual Turn
- Plurilingual pedagogy
- Bilingual instructional strategies
- Interlingual teaching

- These strategies have in common a rejection of the 'two solitudes' orientation to bilingual proficiency and a commitment to teaching for crosslinguistic transfer;

- They can be applied not only in bilingual education contexts but also in multilingual contexts where the dominant language is used for instructional purposes.

Crosslinguistic/Plurilingualism Phase:
Promote Productive Contact Between Languages

Plurilingualism

- In the late 1990s, researchers associated with the Council of Europe elaborated the construct of plurilingualism to refer to the dynamically integrated and intersecting nature of the linguistic repertoires of bilingual and plurilingual individuals.

- Piccardo (2016: 7) expressed the instructional implications as follows:

'A plurilingual classroom is one in which teachers and students pursue an educational strategy of embracing and exploiting the linguistic diversity present in order to maximize communication and [promote] both subject learning and plurilingual/pluricultural awareness'.

- In other words, teachers should aim to bring the target language into productive contact with students' home languages.

Crosslinguistic Pedagogy

- Based on the notion of a 'Common Underlying Proficiency', Cummins (1981) argued that teachers should teach for transfer across languages;

- In later work (e.g., Cummins & Early, 2011), the role of students' identities was also highlighted.

- When students are enabled to create 'identity texts' that showcase their growing competence in their two or more languages, their identities are affirmed.

- Identity affirmation comes from doing powerful things with languages.

Common Underlying Proficiency Model:
The Empirical Basis for Teaching for Crosslinguistic Transfer

The Dual Iceberg representation of bilingual proficiency

Surface Features of L1

Surface Features of L2

Although languages can be distinguished in our cognitive system (e.g., aphasia studies), there is overlap and dynamic interdependence among languages.

The Kahikatea Tree Metaphor
(from Sophie Tauwehe Tamati [2016]. *Transacquisition pedagogy for bilingual education: A study in Kura Kaupapa Māori schools*. Ph.D. dissertation, University of Auckland).

Growing in water-logged swampy soil, the inter-twining of the roots supports all trees to grow individually and collectively.

23

There is overwhelming research support for the notion of a common underlying proficiency and for teaching for crosslinguistic transfer

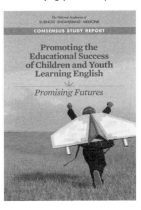

- A growing body of research dating back to the 1960s reveals that the two languages of bilinguals do not exist in isolation and to the contrary, are highly interactive. ... **The two languages of bilinguals share a cognitive/conceptual foundation** that can facilitate the acquisition and use of more than one language for communication, thinking, and problem solving. (NASEM, 2017: 243)

- Conclusion 6-3: The languages of bilinguals do not develop in isolation from one another. Evidence indicates that certain aspects of dual language learning, processing, and usage are significantly and positively correlated and that the development of strong L1 skills supports the development of English-L2 skills.

- Conclusion 6-4: Evidence reveals significant positive correlations between literacy skills in ELs' [English learners'] L1 and the development of literacy skills in English-L2. (NASEM, 2017: 245)

24

Engaging Students' Multilingual Repertoires:
Crosslinguistic transfer in action

"When I am allowed to use my first language in class it helps me with my writing and reading of english because if I translation in english to urdu then urdu give me help for english language. I also think better and write more in english when I use urdu because I can see in urdu what I want to say in English". (**Aminah**, original spelling retained).

"When I am allowed to use Urdu in class it helps me because when I write in Urdu and then I look at Urdu words and English comes in my mind. So, its help me a lot. When I write in English, Urdu comes in my mind. When I read in English I say it in Urdu in my mind. When I read in Urdu I feel very comfortable because I can understand it". (**Hira**, original spelling retained) (Leoni et al., 2011: 55-56)

Lisa Leoni consistently encouraged her students to carry out creative writing and other assignments in their L1, and generally use their L1 as a stepping-stone to English.

Identity Texts

- The term 'identity texts' describes the products of students' creative work or performances carried out within the pedagogical space orchestrated by the classroom teacher.

- Students invest their identities in the creation of these texts which can be written, spoken, visual, musical, dramatic, or combinations in multimodal form.

- The identity text then holds a mirror up to students in which their identities are reflected back in a positive light.

- When students share identity texts with multiple audiences (peers, teachers, parents, grandparents, sister classes, the media, etc.) they are likely to receive positive feedback and affirmation of self in interaction with these audiences. This, in turn, fuels further literacy engagement.

Tomer's Hebrew-English Dual Language Book (Identity Text)

- I think using your first language is so helpful because when you don't understand something after you've just come here it is like beginning as a baby. You don't know English and you need to learn it all from the beginning; but if you already have it in another language then it is easier, you can translate it, and you can do it in your language too, then it is easier to understand the second language.

- The first time I couldn't understand what she [teacher, Lisa Leoni] was saying except the word Hebrew, but I think it's very smart that she said for us to do it in our language because we can't just sit on our hands doing nothing.

- Bringing L1 and L2 into productive contact;
- Scaffolding L2 academic language learning through initial L1 writing;
- Literacy engagement;
- Connecting instruction to students' lives;
- Affirming identity

Types of Crosslinguistic Transfer

- Transfer of concepts (e.g., understanding the concept of *photosynthesis*);

- Transfer of specific linguistic elements (knowledge of the meaning of *photo* in *photosynthesis*);

- Transfer of phonological awareness (knowledge that words are made up of different sounds);

- Transfer of morphological awareness (how words are formed, roots, prefixes, suffixes, etc.)

- Transfer of cognitive and linguistic strategies (e.g., strategies of visualizing, use of graphic organizers, mnemonic devices, vocabulary acquisition strategies, etc.);

Translanguaging

- **Definition**

Pedagogical translanguaging refers to instruction designed to enable students to use their entire multilingual repertoire in carrying out academic tasks and activities.

Teachers in many contexts were engaging in this kind of instruction long before the term 'translanguaging' entered mainstream educational discourse (e.g., Auerbach, 1993; DeFazio, 1997; Lucas & Katz, 1994; Chow & Cummins, 2003; Cummins & Early, 2011; García & Sylvan, 2011).

However, the elaboration of the concept by García and colleagues (e.g., García, 2009) and the development of a wide range of instructional and curricular resources (e.g., Celic & Seltzer, 2011/2013) has dramatically increased awareness of the potential of translanguaging pedagogy and has stimulated exploration of its classroom possibilities, particularly in International Schools contexts.

Translanguaging

Origins in Welsh-English bilingual education

Colin Baker

Cen Williams' (1994, 1996, 2000) conception of translanguaging referenced the systematic and intentional alternation of input and output languages in Welsh-English bilingual instruction.

Gwyn Lewis, Bryn Jones and Colin Baker (2012, p. 650):

pedagogical translanguaging "allows more effective learning due to crosslanguage semantic remapping that occurs when the encoded information in one language is retrieved to enable production in the other language".

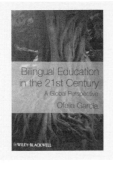

Oferia García

- The central claim of UTT, as elaborated by García and colleagues, is that the multilingual's linguistic system is **internally unitary and undifferentiated**, reflecting the fact that **'languages' have no linguistic or cognitive reality**.

- However, UTT also rejects several key theoretical concepts associated with crosslinguistic pedagogy, such as the **common underlying proficiency, teaching for crosslinguistic transfer, additive bilingualism, academic language**.

- UTT also rejects the concept of codeswitching (see MacSwan, 2017, 2022)

Unitary Translanguaging Theory Claims

- The multilingual's linguistic system is internally undifferentiated and unitary, reflecting the fact that 'languages' have no linguistic or cognitive reality; therefore, the verb form *trans/languaging* is legitimate, but the noun form *languages* is illegitimate (e.g., García, 2009).

- Codeswitching is an illegitimate monoglossic construct because it assumes the existence of two separate linguistic systems (e.g., Otheguy et al., 2015, 2019).

- Additive bilingualism is an illegitimate monoglossic construct because it similarly assumes the existence of two separate languages that are added together in bilingual individuals (e.g., García, 2009).

- For similar reasons, the notion of a *common underlying proficiency* and teaching for crosslinguistic transfer imply a monoglossic conception of bilingualism (e.g., García & Li Wei, 2014).

- "Academic language is a raciolinguistic ideology that frames racialized students as linguistically deficient and in need of remediation" (Flores, 2020: 22).

- Additive approaches to minoritized students' bilingualism are rooted in raciolinguistic ideologies (e.g., Flores & Rosa, 2015).

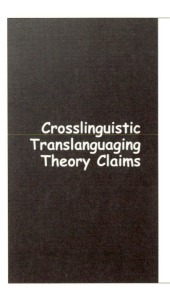

Crosslinguistic Translanguaging Theory Claims

- In contrast to the UTT position, the CTT affirms the existential reality of 'languages' in the individual's linguistic and cognitive system.
- CTT also endorses the concepts of **additive bilingualism, academic language**, and the **legitimacy of teaching for transfer across languages**. Languages intersect and interact in dynamic ways in the cognitive and linguistic functioning of the individual. These concepts are 100% consistent with dynamic conceptions of multilingualism.

- The different orientations of UTT and CTT to the legitimacy of the construct of *language* should not obscure the fact that:
    - both theoretical perspectives view languages as socially constructed,
    - they reject rigid instructional separation of languages,
    - they condemn the frequent devaluation of the linguistic practices that many minoritized students bring to school.
    - Both orientations to translanguaging theory also endorse dynamic conceptions of multilingual cognitive functioning.
    - And, finally, UTT and CTT both view translanguaging pedagogy that connects with students' lives and draws on their entire linguistic repertoire as a central component in the struggle for social justice and equity in education.

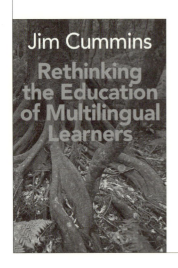

The core difference between CTT and UTT is that CTT proposes fluid linguistic and cognitive boundaries between languages; UTT proposes no boundaries and no languages.

In other words, for a Japanese/English bilingual, it is not possible to distinguish Japanese from English in the individual's linguistic or cognitive system

To what extent are each of these opposing claims

(a) supported by the empirical evidence,

(b) logically coherent, and

(c) conducive to the implementation of effective and empowering multilingual instructional practices?

Evaluating the Credibility of UTT Claims

Is the bilingual's linguistic system unitary and undifferentiated?

Bhatt and Bolonyai (2019) review compelling data from studies of aphasia demonstrating that the different languages of bilinguals have specific patterns of neural representation and organization. For example, they cite the case of JZ, a Basque-Spanish bilingual individual with aphasia, whose linguistic functioning in each language was affected in markedly different ways by his aphasia.

- "JZ's aphasia impacted his languages to different degrees: his first language, Basque, was more impaired than his second language, Spanish. In particular, the Bilingual Aphasia Test revealed deficits in first language production, but intact production in his second language. Such differential language loss does not find an account in translanguaging theory: a unitary linguistic system cannot explain why one language is impacted (more) than another in differential bilingual aphasia". (2019: 18)
- *This type of finding refutes UTT but is consistent with CTT*

Working Papers in
Urban Language & Literacies

Paper **254**

On the theoretical and empirical bases of translanguaging

Rakesh M. Bhatt (*University of Illinois, Urbana-Champaign*)
& Agnes Bolonyai (*North Carolina State University*)

Part 4

Implications of the research and theory for L2 teaching in Japan and elsewhere

Implications: The need to promote identity investment in learning the target language and the role of students' L1 in enabling them to do powerful things with both languages

- Active engagement with the target language (both in oral and written forms) and identity investment in learning the target language strongly promote effective learning. **The goal should be to enable students to do powerful (i.e., identity-affirming) things with the target language.**

- Students' **home language acts as a foundation** for L2 development; teaching for crosslinguistic transfer of concepts and literacy skills represents a powerful instructional strategy. A wide variety of instructional strategies have been implemented for bringing the language learner's two languages into productive contact.

- Recently this strategy has been called **pedagogical translanguaging**, which I define as follows:

  instruction designed to enable students to use their entire multilingual repertoire in carrying out academic tasks and activities.

- The research of Professor Junko Majima and colleagues in Osaka provides a relevant Japanese example.

Emmanuelle Le Pichon & Ellen-Rose Kambel (2022) The Language Friendly School: An Inclusive and Equitable Pedagogy, *Childhood Education*, 98:1, 42-49

See: languagefriendlyschools.org

As educators, we should be working as a whole school community to transform our schools *into Language-Friendly* ecosystems

- where students' languages are recognized and affirmed,
- where all students can expand their identities as they become aware of how language works in our heads, our families, and our societies,
- and where students can begin to use their entire multilingual repertoire for powerful (identity-affirming) purposes.

Language Friendly Pedagogy in the Japanese Context

"We conducted a longitudinal study by following a total of 110 pupils to assess their bilingual proficiency in L1 Chinese and L2 Japanese．

Majima, J. (2022). Emergent Bilinguals and Educational Challenges at Public Schools in Japan: A longitudinal study of first- and second-generation Chinese children's bilingual proficiency. Osaka University Press.

Pedagogical Translanguaging and Crosslinguistic Pedagogy Benefits Literacy Development in both L1 and L2

Initiatives implemented over a 10-year period

- Employment of a Chinese full-time teacher in 2012;
- "Pull-out classes" for Chinese pupils, where the native Chinese teacher sometimes uses Chinese for instruction and cognitive awareness of the two languages;
- Better communication with Chinese pupils' parents. In order to promote mutual understanding, the Chinese teacher improved ways of translating aspects of school culture;
- Multilingual signs and posters in the school building;
- Schoolwide cross-cultural understanding classes offered by the school;
- Teachers' praise of and expression of respect for Chinese pupils speaking Chinese;
- School-wide composition project organized by the school principal. The topics of the compositions were "Pride," "Dream," and "Connections." Some Chinese pupils wrote in Chinese, and translated into Japanese;
- Bilingual presentations at the graduation ceremony were encouraged.

Quantitative Findings

- Children attain native like fluency in Japanese spoken skills faster than they catch up academically in Japanese reading skills; therefore, many of these children will require support from teachers for several years after they appear to have 'learned Japanese'.

- Children who had developed Chinese reading skills in addition to conversational and listening skills performed significantly better in Japanese reading than those who had attained conversational and/or listening Chinese skills but not literate Chinese skills.

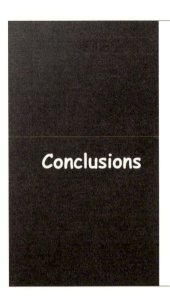

Conclusions

- Despite its dominance in foreign language teaching, the teaching of immigrant-background students, and even in bilingual and L2 immersion programs, monolingual instructional assumptions are not supported by the empirical data and have generally produced disappointing results in practice. The 'monolingual principle' and 'two solitudes' assumption ignore the dynamic interactions between languages in the individual's cognitive system.

- Translanguaging is a useful concept to highlight the dynamic interconnections between languages both in the process of learning languages and using languages. Pedagogical translanguaging, understood as enabling students to make use of their full multilingual/plurilingual repertoire in carrying out academic tasks and activities, is supported by the empirical research and examples of classroom practice where students pursue productive contact between languages. I have labelled this version of translanguaging theory *Crosslinguistic Translanguaging Theory (CTT)*.

- Unitary Translanguaging Theory (UTT) overlaps with CTT in many ways but it loses credibility as a result of its empirically unsupported claim that languages have no cognitive reality. This claim leads UTT theorists to reject useful and empirically supported concepts such as the common underlying proficiency, additive bilingualism, and teaching for crosslinguistic transfer.

Some Tools and Resources

- The CUNY-NYSIEB project: https://www.cuny-nysieb.org/.

- The European Centre for Modern Languages (ECML): https://www.ecml.at/.

    For example, the project *Teaching the School Language in a Context of Diversity* highlights language diversity as a resource and provides many tools to support teachers in changing from a monolingual to a plurilingual mindset (https://maledive.ecml.at/Home/Projectdetails/tabid/3481/Default.aspx).

    Particularly useful in times of educational disruption is the *Treasure Chest of Resources for Learners, Parents and Teachers in Times of Covid-19*:

    (https://www.ecml.at/Resources/TreasureChestofResources/tabid/4397/language/en-GB/Default.aspx).

- The Language Friendly Schools project: http://languagefriendlyschool.org

References

Bhatt, R.M. and Bolonyai, A. (2019) On the theoretical and empirical bases of translanguaging. *Working Papers in Urban Language & Literacies.* Paper 254, 1-25.

Bhatt, R. M. & Bolonyai, A. (2022). Code-switching and its terminological other—translanguaging. In J. MacSwan (Ed.), *Multilingual perspectives on translanguaging* (pp. 154-180). Multilingual Matters.

Cohen, A. (1994). The language used to perform cognitive operations during full-immersion math tasks. *Language Testing.* 11, 171-195.

Cummins, J. (2007). Rethinking monolingual instructional strategies in multilingual classrooms. *The Canadian Journal of Applied Linguistics, 10,* 221-240.

Cummins, J. (2021). *Rethinking the education of multilingual learners: A critical analysis of theoretical claims.* Bristol, UK: Multilingual Matters.

García, O. (2009). *Bilingual education in the 21st century. A global perspective.* Boston: Basil Blackwell.

García, O. and Lin, A.M.Y. (2017). Translanguaging in bilingual education. In O. García and A.M.Y. Lin (Eds.), *Bilingual and Multilingual Education (Encyclopedia of Language and Education, Vol. 5)* (pp. 117-130). Dordrecht: Springer.

Lambert, W. E. (1984). An overview of issues in immersion education. In California State Department of Education (Ed.), *Studies on immersion education: A collection for United States educators* (pp. 8-30). Sacramento: California State Department of Education.

References

Lambert, W.E. and Tucker, G.R. 1972: *Bilingual education of children: The St Lambert experiment.* Rowley, MA: Newbury House.

Lewis, G., Jones, B. and Baker, C. (2012a) Translanguaging: origins and development from school to street and beyond. *Educational Research and Evaluation,* 18 (7), 641-654. http://dx.doi.org/10.1080/13803611.2012.718488

MacSwan, J. (2017) A multilingual perspective on translanguaging. *American Educational Research Journal* 54 (1), 167-201. doi:10.3102/0002831216683935

MacSwan, J. (2022). Introduction: Deconstructivism—A reader's guide. In J. MacSwan (Ed.), *Multilingual perspectives on translanguaging* (pp. 1-41). Multilingual Matters.

National Academies of Sciences, Engineering and Medicine (NASEM) (2017) *Promoting the Educational Success of Children and Youth Learning English: Promising Futures.* Washington, DC: The National Academies Press. doi:10.17226/24677.

Rata, E. & Tamati, T.S. (2021). *TransAcquisition Pedagogy and Curriculum Design: Academic Achievement in Bilingual and Immersion Education.* Routledge.

Riches, C. and Genesee, F. (2006) Literacy: Crosslinguistic and crossmodal issues. In F. Genesee, K. Lindholm-Leary, W.M. Saunders and D. Christian (eds) *Educating English Language Learners: A Synthesis of Research Evidence* (pp. 64-108). New York, NY: Cambridge University Press.

Tamati, S.T. (2016) *Transacquisition Pedagogy for Bilingual Education: A Study in Kura Kaupapa Māori Schools.* Doctoral dissertation submitted to the University of Auckland.

略　歴

〈著者〉
ジム・カミンズ（Jim Cummins）
カナダ、トロント大学オンタリオ教育研究所の名誉教授。過去50年にわたり、カミンズ教授の研究と理論的貢献は、世界中の多言語学習者の教育に大きな影響を与えてきた。これらの貢献には、会話の流暢さと［教科を学ぶのに必要な］教科学習言語能力の区別、言語を超えて概念と知識の伝達を可能にする2言語共有基底能力（CUP）モデル、および言語を超えた伝達のための教育を促進する指導ストラテジーが含まれる。

［主な著書・論文］

Cummins, J. (1979). Linguistic interdependence and the educational development of bilingual children. *Review of Educational Research*, 49, 222-251.

Cummins, J. (1984). *Bilingualism and Special Education: Issues in Assessment and Pedagogy*. Clevedon: Multilingual Matters.

Cummins, J. and Swain, M. (1986). *Bilingualism in Education: Aspects of theory, research and practice*. London: Longman.

Cummins, J. (2000). *Language, Power and Pedagogy: Bilingual Children in the Crossfire*. Clevedon: Multilingual Matters.

Cummins, J. (2001). *Negotiating Identities: Education for Empowerment in a Diverse Society* (2nd edn). Los Angeles: California Association for Bilingual Education.

Cummins, J. & Early, M. (2011). (eds.), *Identity Texts: The Collaborative Creation of Power in Multilingual Schools*. Stoke-on-Trent: Trentham Books.

Cummins, J. (2021). *Rethinking the Education of Multilingual Learners: A Critical Analysis of Theoretical Claims*. Bristol: Multilingual Matters.

〈訳・解説〉
中島和子（なかじま　かずこ）
トロント大学東アジア研究科名誉教授。カナダ日本語教育振興会（CAJLE）名誉会長、母語・継承語・バイリンガル教育（MHB）学会名誉会長、バイリンガル・マルチリンガル子どもネット（BMCN）会長。専門は、バイリンガル教育学、継承日本語教育学。

［主な著書・論文］

『トランスランゲージング・クラスルーム——子どもたちの複数言語を活用した学校教師の実践』（共監訳、明石書店、2024年）

『新装版 言語マイノリティを支える教育』（共訳著、明石書店、2011/2021年）
『新装版 カナダの継承語教育──多文化・多言語主義をめざして』（共訳著、明石書店、2005/2020年）
『マルチリンガル教育への招待──言語資源としての外国人・日本人年少者』（編著、ひつじ書房、2010年）
『バイリンガル教育の方法──12歳までに親と教師ができること』（完全改訂版、アルク、1998/2020年）
『言葉と教育』（海外子女教育振興財団、1998年）

〈編集〉
バイリンガル・マルチリンガル子どもネット（BMCN）カミンズレクチャーシリーズ編集委員会

編集委員長
中島和子（なかじま　かずこ）
（略歴は同上）

編集委員
桶谷仁美（おけたに　ひとみ）
イースタンミシガン大学（EMU）世界言語学部教授。バイリンガル・マルチリンガル教育が専門。姫路ベトナム難民センター、トロント国語教室、トロント大学等を経て現在に至る。トロント大学（OISE）カリキュラム科博士課程卒業（カナダ政府Award受賞）。現在、バイリンガル・マルチリンガル子どもネット（BMCN）理事・副会長、ミシガン日本語継承センター理事、国際交流基金LA継承日本語プラットフォームプロジェクトアドバイザリーメンバー、デトロイトりんご会補習授業校とのバイリンガル・マルチリンガル教育プロジェクトの代表等も兼任。
［主な著書・論文］
『家庭でバイリンガル・トライリンガルを育てる──親と教師が知っておきたい基礎知識　就学前を中心に』（編著、明石書店、2024年）
「9章　バイリンガル育成を支える心理的・社会的・文化的要因」中島和子編著『マルチリンガル教育への招待──言語資源としての外国人・日本人年少者』（ひつじ書房、2010年）
『家庭でバイリンガルを育てる──0歳からのバイリンガル教育』（編著、明石書店、2007年）

鈴木庸子（すずき　ようこ）
国際基督教大学教育研究所研究員、東京YMCA医療福祉専門学校EPAインドネシア人

介護福祉士候補生のための日本語指導担当講師。元国際基督教大学日本語教育プログラム講師。バイリンガリズム啓発のためのポータルサイト「ハーモニカ」の開発（科研課題番号25370598）、OBCワークショップおよび母子健康手帳に多言語環境への配慮を求める取り組みに携わる。バイリンガル・マルチリンガル子どもネット（BMCN）理事・事務局。第5次武蔵野市民地域福祉活動計画策定委員会委員（2024年度）。

[主な著書・論文]

「研究ノート：多言語環境の子どもの言語に関する研究の展望――医療・福祉分野の状況と関連する行政施策」『ICU教育研究66号』（国際基督教大学、2024年、pp.131-138）

「(所報) 2017年度バイリンガル・マルチリンガル子どもネット研究会（BMCN）」『ICU教育研究60号』（国際基督教大学、2018年、pp.138-147）

髙橋悦子（たかはし　えつこ）

特定非営利活動法人日本ペルー共生協会副会長。大和市教育委員会外国人児童生徒教育相談員（スペイン語）。東京学芸大学大学院修士総合開発教育多言語多文化教育修了（教育学）。ペルーに留学した経験を活かし、主に南米スペイン語圏からきた未就学児・児童・生徒の日本語学習、就学・進学、母語教育を支援。川崎市日本語指導等協力者（1991～2020）、バイリンガル・マルチリンガル子どもネット（BMCN）理事、BM子ども相談室・相談員なども兼任。

[主な著書・論文]

「外国にルーツを持つ子どもが抱える教育問題と経済状況」『発達151号』（ミネルヴァ書店、2017年）

「実践報告　大和プレスクール『にほんごひろば』」『異文化間教育41号』（2015年）

カミンズ教授が語る
バイリンガル・マルチリンガルの子どもと教育の未来

2025 年 4 月 15 日　初版第 1 刷発行

著　者　ジム・カミンズ
訳・解説　中島和子
編　集　BMCN カミンズレクチャーシリーズ編集委員会
発行者　大江道雅
発行所　株式会社明石書店
　　　　〒101-0021　東京都千代田区外神田 6-9-5
　　　　電　話　03（5818）1171
　　　　F A X　03（5818）1174
　　　　振　替　00100-7-24505
　　　　https://www.akashi.co.jp/
装丁　谷川のりこ
印刷・製本　モリモト印刷株式会社

ISBN978-4-7503-5818-5
（定価はカバーに表示してあります）

トランスランゲージング・クラスルーム

子どもたちの複数言語を活用した学校教師の実践

オフィーリア・ガルシア、スザンナ・イバラ・ジョンソン、ケイト・セルツァー 著
佐野愛子、中島和子 監訳

◎A5判／並製／368頁　◎2800円

バイリンガル・マルチリンガルの言語資源を最大限に活用する教育観を支える概念として、近年急速に注目を集めるトランスランゲージング。本書は、その概念をどのように教育の現場で実践できるか、豊富な実践例と詳しい描写を用いて解説する初めての概説書である。

■内容構成■

Part1　学校におけるダイナミック・バイリンガリズム
トランスランゲージング・クラスルーム――教室環境と目的／言語実践とトランスランゲージング・クラスルームの枠組み／生徒のダイナミック・バイリンガリズムを記録する

Part2　トランスランゲージング教育論
トランスランゲージング・クラスルームにおけるトランスランゲージング・スタンス／指導におけるトランスランゲージング・デザイン／アセスメントにおけるトランスランゲージング教育論の実践

Part3　トランスランゲージングを通した指導と学習の再考
トランスランゲージング・クラスルームと指導のスタンダード／トランスランゲージング・クラスルームにおける教科学習内容に関わるリテラシー／トランスランゲージング・クラスルームにおけるバイリテラシー／社会的情動面におけるウェルビーイングと社会的公正

言語マイノリティを支える教育【新装版】
ジム・カミンズ著　中島和子著訳
◎3200円

新装版　カナダの継承語教育――多文化・多言語主義をめざして
ジム・カミンズ／マルセル・ダネシ著　中島和子／高垣俊之訳
◎2400円

家庭でバイリンガル・トライリンガルを育てる――親と教師が知っておきたい基礎知識　就学前を中心に
桶谷仁美編著
◎2800円

多文化社会に生きる子どもの教育――外国人の子ども、海外で学ぶ子どもの現状と課題
佐藤郡衛著
◎2400円

子どもの日本語教育を問い直す
佐藤郡衛、菅原雅枝、小林聡子著
◎2300円

よい教育研究とはなにか――流行と正統への批判的考察
ガート・ビースタ著　亘理陽一、神吉宇一、川村拓也、南浦涼介訳
◎2700円

外国人の子ども白書【第2版】――権利・貧困・教育・文化・国籍と共生の視点から
荒牧重人、榎井縁、江原裕美、小島祥美、志水宏吉、南野奈津子、宮島喬、山野良一編
◎2500円

Q&Aでわかる外国につながる子どもの就学支援――「できること」から始める実践ガイド
小島祥美編著
◎2200円

〈価格は本体価格です〉